(漢)鄭玄 注
(唐)賈公彦 疏

宋本周禮疏

第二册

國家圖書館出

第二册目録

周禮䟽卷第四

唐朝散大夫行太學博士弘文館學士臣賈公彦等撰

膳夫掌王之食飲膳羞以養王及后世子

釋曰云膳夫掌王之食飲者此一經以其職首故略舉其目下別敘之云以養王及后世子者舉尊者而言其實群臣及三夫人已下亦養之 注 食飯也飲酒漿也膳牲肉也羞有滋味者凡養之具大略有四 釋曰云食飯也者即下文云食用六穀是也云飲酒漿也者即下文飲用六清是也下文不言酒文略也云膳牲肉也者即下文云膳用六牲是也云羞有滋味者即下文云羞用百有二十品是也下文仍有珍用八物醬用百有二十甕不言之者此舉大者珍醬是饋之小者略而不言故鄭云凡養之具大略有四是舉以為目也

凡王之饋食

用六穀膳用六牲飲用六清羞用百有二

十品珍用八物醬用百有二十甕注進物於尊者曰饋此饋之

盛者王舉之饌也六牲馬牛羊豕犬雞也羞出於牲及禽
獸以備滋味謂之庶羞公食大夫禮內則下大夫十六上
大夫二十其物數備焉天子諸侯有其數而物未得盡聞
珍謂淳熬淳母炮豚炮牂擣珍漬熬肝膋也醬謂醯醢也
王舉則醢人共醢六十甕以五齏七醢七菹三臡實之醯
人共齏菹醯物六十甕鄭司農云羞進也六穀稌黍稷粱
麥苽苽彫胡也六清水漿醴䣼醫酏　釋曰鄭云進物於
尊者曰饋者據此文云王之饋及少牢特牲皆云饋食是
進物於尊者曰饋鄭注玉府云通行曰饋者彼對獻是進
物於尊則饋是通行也云此饋之盛者王舉之饌者下文
云王日一舉鼎十有二是王舉之饌也云六牲馬牛羊豕
犬雞者此依爾雅釋畜亦是將用之曰牲也云羞出於牲

及禽獸者釋經羞用百有二十品此羞庶羞皆出於牲及
禽獸案公食大夫下大夫十六豆中從膷臐膮已下皆出
於牲不見有出禽獸者上大夫加以雉兔鶉鴽此則出禽
獸也以其有牲及禽獸故云備滋味謂之庶羞也引公食
大夫禮及内則二文俱言十六豆是下大夫禮内則云雉
兔鶉鴽四豆添前十六則二十是上大夫禮云其物數備
焉者此上下大夫禮其物備有焉云天子諸侯有其數者
此經云百有二十者是天子有其數掌客云上公食四十
侯伯三十二子男二十四是諸侯有其數也又云而物未
得盡聞者言未盡聞則少有聞所聞者謂天子諸侯之數
皆從上大夫二十豆上加之則二十豆聞之矣内則云牛
脩及爵鷃蜩范芝栭已下三十一物鄭注云皆人君燕食
所加庶羞也周禮天子羞用百有二十品記者不能次録
亦是有其物未盡聞也云珍謂淳熬已下皆内則文案内
則淳熬煎醢加于陸稻上沃之以膏曰淳熬淳毋煎醢加
于黍食上沃之以膏曰淳毋毋模也炮取豚若牂刲之刳

之實棗於其腹中編萑以苴之塗之以瑾塗炮之塗皆乾
擘之濯手以摩之去其皾爲稻粉糔溲之以爲酏以付豚
煎諸膏膏必滅之鉅鑊湯以小鼎薌脯於其中使其湯毋
滅鼎三日三夜毋絶火而後調之以醯醢擣珍取牛羊麋
鹿麕之肉必胲每物與牛若一捶反側之去其餌孰出之
去其皾柔其肉漬取牛羊肉必新殺者薄切之必絶其理
湛諸美酒期朝而食之以醢若醯醷爲熬捶之去其皾編
萑布牛肉焉屑桂與薑以洒諸上而鹽之乾而食之施羊
亦如之肝膋取狗肝一幪之以其膋濡炙之舉焦其膋不
蓼也是爲八珍彼有糝與餰彼是羞豆之實非珍故不取
云醬謂醯醢也者醬是揔名知醬中兼有醯醢者經云百
有二十甕醢人共醢六十甕醯人共醯物六十甕故鄭注
醯人醢人兼引之其五齏七醢等就醢人具釋鄭司農云
六穀知有稌黍稷粱麥苽者據食醫而知云苽雕胡也者
南方見有苽米一名雕胡異方語云
六清水漿醴涼醫酏者漿人文也

王日一舉鼎十

有三物皆有俎釋曰言王日一舉者謂一日一大牢鼎十有二者案禮記郊特牲鼎俎奇而籩豆耦者謂正鼎九陪鼎三即是奇數摠而言之即十二云物皆有俎者俎據正鼎而鼎各一俎 注 殺牲盛饌曰舉王日一舉以朝食也后與王同庖鼎十有二牢鼎九陪鼎三物謂牢鼎之實亦九俎 釋曰殺牲盛饌曰舉知非舉樂者以其言鼎十有二膳夫主飯食故知舉是殺牲盛饌云王日一舉以朝食也者一日食有三時同食一舉案玉藻云皮弁以日視朝遂以食日中而餕餕者餕朝之餘則遂以食之謂朝之食明知先朝食次乃日中而餕云后與王同庖案玉藻云夫人與君同庖鄭注云不特殺明后亦與王同庖可知云鼎十有二牢鼎九陪鼎三者案聘禮致饔餼注云飪一牢鼎十有二是也牢鼎九在西階前云牛羊豕魚腊腸胃同鼎膚鮮魚鮮腊云陪鼎三者當內廉膷臐膮並陪牛羊豕鼎後是也云物謂牢鼎之實者言實即牛羊豕之類也云亦九俎者陪鼎三膷臐膮者

謂庶羞在於豆唯牢鼎之物各在俎故云亦九俎案道商問王曰一舉鼎十有二是爲三牲備焉商案王藻天子日食少牢朔月大牢禮數不同請聞其説鄭荅云禮記後人所集據時而言或以諸侯同天子或以天子與諸侯等禮數不同難以據也王制之法與禮違者多當以經爲正若然此周禮周公大平法王藻據衰世或是異代故與此不同

以樂侑食膳夫授祭品嘗食王乃食

釋曰上言王日一舉此云以樂侑食即是王制云天子食日舉以樂案論語微子云亞飯三飯四飯鄭云皆舉食之樂彼諸侯禮尚有舉食之樂明天子日食有舉食之樂可知案大司樂云王大食皆令奏鍾鼓彼大食自是朔食日舉之樂大司樂或不令奏故不言之矣無妨日食自有舉食之樂云膳夫授祭者謂王將食必祭先膳夫授之云品嘗食者王藻云火孰者先君子鄭注云備火齊不得也故膳夫品物皆嘗之王乃食也

注 侑猶勸也祭謂刌肺脊也禮飲

食必祭示有所先品者每物皆嘗之道尊者也 釋曰殺祭肝周祭肺但祭肺有二種一者名爲舉肺亦名離肺此爲食而有也二者名爲祭肺亦名刌肺此爲祭而有也但舉肺離而不絕祭肺則絕之今此膳夫授祭爲食而授即舉肺也鄭云祭謂刌肺脊也者以經直云祭不言舉又不言離直云祭故鄭云祭謂刌肺也以優至尊故與祭祀同刌肺也若然鄉飲酒鄉射無連言脊今兼言脊者依士虞特牲皆言授肺脊故鄭依之而言云禮飲食必祭示有所先者凡祭皆祭先造食者曲禮云殽之序徧祭之今徒言祭肺者略舉其首者也

卒食以樂徹于造 釋曰卒終也天子食終徹器之時作樂以徹之但天子祭祀歌雍以徹徹食器之時樂章未聞也 **注** 造作也鄭司農云造謂食之故所居處也已食徹置故處 釋曰後鄭云造作也先鄭云徹置故處二鄭義同皆謂造食之處即廚是也案內則云天子之閣左達五右達五彼亦是置食處今此不徹於閣者但閣內別置新饌案文王世

子末有原即此亦不重進故徹于造王齊日三舉注鄭司農云齊必變食釋曰齊謂散齊致齊齊必變食故加牲體至三大牢案玉藻云朔食加日食一等則於此朔食當兩大牢不言之者文不具齊時不樂故不言以樂侑食也齊必變食論語文大喪則不舉大荒則不舉大札則不舉天地有裁則不舉邦有大故則不舉釋曰臣子一皆爲王喪啜粥故大喪不舉也大荒則不舉已下皆爲自貶損注大荒凶年大札疫癘也天烖日月晦食地烖崩動也大故寇戎之事鄭司農云大故刑殺也春秋傳曰司寇行戮君爲之不舉釋曰言大荒凶年者則曲禮云歲凶年穀不登君膳不祭肺是也云大札疫癘也者即春秋天昬札瘥民有疫癘爲之不舉自貶也云天烖日月晦食者月食在望日食在晦朔今捴云日月晦食者案春秋唯書日食故以是

不言月之望食日食由月故連言月也云地震崩動也者
左氏書地震及梁山崩是也云大故寇戎之事者據此經
唯言大喪大荒大札天地有災故知大故是寇戎先鄭云大
故刑殺引之在下者欲見大故中含有刑殺之事春秋傳
曰司寇行刑者案莊公二十年王子頹享五大夫樂及徧
舞又云王子頹歌舞不倦是樂禍也夫司寇行戮君爲之
不舉不舉者謂不舉樂此經數事不舉司農意亦謂不舉
樂故引以爲證但此膳夫云不舉在食科之中不舉即是
不殺牲引司農義在下者
不舉之中含有不舉樂

王燕食則奉膳贊祭

釋曰案上王日一舉鄭云謂朝食則此云燕食者謂日中與夕
相接爲三時云奉膳者奉朝之餘膳云贊祭者助王祭牢
肉

注燕食謂日中與夕食奉膳奉朝之餘膳所祭者牢肉

釋曰案玉藻天子與諸侯相互爲三時食故燕食以
爲日中與夕云奉膳奉朝之餘膳者則一牢分爲三時故
奉朝之餘餕也云所祭者牢肉者案玉藻諸侯云夕深衣

祭牢肉鄭注云天子言日中諸侯言夕天子言餕諸侯言祭牢肉互相挾則天子諸侯朝皆祭肺日中與夕皆祭牢肉故言所祭者牢肉也

凡王祭祀賓客食則徹王之胙俎

釋曰云凡王祭祀謂祭宗廟有胙俎者謂若特牲少牢主人受尸酢戶東西面設主人俎於席前王受尸酢禮亦當然賓客食謂王與賓客禮食於廟賓在戶牖之間王在阼階上各有饌皆設俎故亦有胙俎此二者皆名胙俎膳夫徹之故云則徹王胙俎也

注 膳夫親徹胙俎胙俎最尊也其餘則其屬徹之賓客食而王有胙俎王與賓客禮食主人飲食之俎皆為胙俎見於此矣

釋曰云膳夫親徹胙俎胙俎最尊也者以其胙者酢也王與尸賓相荅酢故遣膳夫親徹云其餘則其屬徹之者以其經膳夫徹王之胙俎明非王胙俎則其屬徹之可知膳夫是上士則其屬中士已下是也云賓客食而王有胙俎王與賓客禮食者以其賓客與祭祀同科故知是禮食非是凡平燕食案公

食大夫主君與聘大夫禮食賓前有食君前無食退俟於廟今此天子與諸侯禮食王前有食俎者天子於諸侯其禮異於諸侯與聘大夫故王前有俎云主人飲食之俎皆爲胙俎見於此矣者案特牲少牢主人之俎雖爲胙俎直是祭祀不兼賓客此則祭祀賓客俱有故云主人飲食之俎皆爲胙俎見於此飲據祭祀食據賓客故雙言之也

凡王之稍事設薦脯醢釋曰案下經燕飲酒謂大事與臣飲酒則此云王之稍事是王小事而飲酒故空設薦脯醢若大飲與食則有牲體

注鄭司農云稍事謂非日中大舉時而間食謂之稍事膳夫主設薦脯醢玄謂稍事有小事而飲酒

釋曰先鄭云稍事謂非日中大舉時而間食謂之稍事膳夫主設薦脯醢者先鄭意旦起日中食牲牢日中後空食脯醢後鄭不從者玉藻諸侯猶云夕深衣祭牢肉則天子夕食牢肉可知又脯醢者是飲酒肴羞非是食饌若大夫已下燕食有脯無膾設脯無嫌若王之日食不得空薦脯

臨故以爲小事飲酒**王燕飲酒則爲獻主**釋曰謂王與臣以禮燕飲則膳夫爲獻主案儀禮使宰夫爲主人此天子使膳夫爲獻主皆是飲食之官代君酌臣**注**鄭司農云主人當獻賓則膳夫代王爲主君不敵臣也燕義曰使宰夫爲獻主臣莫敢與君亢禮　釋曰言當獻賓則膳夫代王爲主此約燕禮而知案燕禮主人酌酒獻賓賓酢主人主人酌酒獻君君酢主人主人酬賓以後爲賓舉旅又引燕義臣莫敢與君亢禮者飲酒之禮使大夫爲賓遣宰夫爲主人獻酢相亢荅若君爲主人則是臣與君相亢故云臣莫敢亢禮

掌后及世子之膳羞釋曰上云王日一舉注后與王同庖不言世子則世子與王別牲亦膳夫所掌故云掌**注**亦主其饌之數不饋之耳　釋曰案后及世子之膳羞**注**上文凡王之饋食用六穀巳下言饋則膳夫親饋之故云品嘗食案内饔共后及世子之膳羞則是后世子内饔饋之故鄭云亦主其饌之數不饋之耳

凡肉脩之頒賜皆掌之 釋曰謂王以肉及脩脯頒賜群臣則膳夫皆掌之

注鄭司農云脩脯也 釋曰言脩脯也者謂加薑桂鍛治者謂之脩不加薑桂以鹽乾之者謂之脯則脩脯異矣先鄭云脩脯者散文言之脩脯通也

凡祭祀之致福者受而膳之 釋曰云凡祭祀者言凡則諸臣自祭家廟祭訖致胙肉於王謂之致福膳夫受之以爲王膳故云受而膳之

注致福謂諸臣祭祀進其餘肉歸胙于王鄭司農云膳夫受之以給王膳 釋曰云致福者謂諸臣祭祀進其餘肉歸胙于王者案禮記少儀云膳于君子曰膳案玉藻膳於君葷桃茢彼謂諸侯之臣禮此王之臣亦應云致膳而云致福者凡祭祀主人受福若與王受福然故云致福知諸臣有致胙法者案春秋左氏昭十六年子産云祭有受脤歸脤彼注云受脤謂君祭以肉賜大夫歸脤謂大夫祭歸肉於公也今彼雖據諸侯禮王之臣致胙亦然故云歸胙於王也

以摯見者亦如之注鄭司農云以羔鴈雉爲摯見者亦受以給王膳　釋曰謂卿大夫以下新任爲臣者卿執羔大夫執鴈士執雉來見王故云以摯見者言亦如之者先鄭云亦受以給王膳也歲終則會唯王及后世子之膳不會釋曰此膳夫所掌膳羞是其正故世子亦不會至下庖人王及后不會則世子會之彼禽獻是其加故會之注不會計多少優尊者其頒賜諸臣則計之　釋曰依宰夫職會是歲計故云不會計多少云優尊者謂若計則似限尊者有多少若不計則任所用故云不會是優尊者也云其頒賜諸臣則計之者經云王及后世子不會則上經肉脩之頒賜諸臣則計之可知

庖人掌共六畜六獸六禽辨其名物釋曰云掌共六畜者馬牛羊豕犬鷄謂夏官校人地官牛人春官鷄人秋官犬人冬官豕人摠送六畜與此庖人六獸六禽即下獸人送

之此庖人得此六畜六獸六禽共與膳夫內外饔故云掌
共六畜六獸六禽此禽獸等皆有名號物色故云辨其名
物注六畜六牲也始養之曰畜將用之曰牲春秋傳曰卜
日曰牲鄭司農云六獸麋鹿熊麕野豕兎六禽鴈鶉
鷃雉鳩鴿玄謂獸人冬獻狼夏獻麋又內則無熊則六獸
當有狼而熊不屬六禽於禽獻及六摯宜爲羔豚犢麛雉
鴈凡鳥獸未孕曰禽司馬職曰大獸公之小禽私之釋
曰云六畜六牲也者謂雖此云六畜即是膳夫六牲一也
所以彼言牲此言畜者鄭即解其不同之意始養之曰畜
將用之曰牲膳夫共王之膳羞即是將用之故言牲云春
秋傳曰者此是左氏僖公三十一年傳辭彼經云四卜郊
不從乃免牲未卜日曰牛卜得吉日乃號爲牲僖公旣卜
得吉日名牛作牲乃更卜可郊以否不從乃免牲是其怠
慢引之者證將用曰牲鄭司農云六獸麋鹿熊麕野豕兎
六禽鴈鶉鷃雉鳩鴿者此先鄭意取爾雅文四足而毛謂
之獸兩足而羽謂之禽故爲此解玄謂獸人冬獻狼又內

則爲餙食有狼而熊不屬此破司農有熊無狼云六禽於禽獻及六摯宜爲羔豚犢麛雉鴈者下文禽獻之内取羔豚犢麛大宗伯六摯之内亦取羔及雉鴈破司農六畜之内有鶉鷃鳩鴿四者於經無所據司農雉鴈即六摯雉鴈同故從之不破云凡鳥獸未孕曰禽鄭言此者見爾雅四足而毛曰獸兩足而羽曰禽是對文例若散文則通其獸未孕時雖曰四足亦曰禽是以名爲禽獻其中亦有羔豚犢麛又云以禽作六摯禽中亦有羔是其未孕者也謂若爾雅飛曰雄雌走曰牝牡亦是對文案詩云雄狐綏綏走亦曰雄尚書云牝雞無晨飛亦曰牝並是散文通義云司馬職曰大獸公之小禽私之者欲見雖曰四足而毛未孕亦曰禽此並破司農禽中不得有四足之義

凡其死生鱻薨之物以共王之膳與其薦羞之物及后世子之膳羞

釋曰云凡其死生鱻薨之物者此四者或死或

生新殺爲魚鱐乾者爲薨並獸人以與膳夫内外饔以共王之膳云與其薦羞之物者薦進也謂羞之所進即備品物曰薦亦進于王耳及后世子之膳羞者此共后世子之羞故不言薦而言膳是致滋味者也 注 凡計數之薦亦進也備品物曰薦致滋味乃爲羞王言薦者味以不褻爲尊鄭司農云鮮謂生肉薨謂乾肉 釋曰云凡計數之者上經云治要治凡並是計筭之稱此凡亦是計數之名死生魚鱐薨須知其數故言凡總計之云備品物曰薦者以經羞言薦對后世子羞言膳故云備品物曰薦致滋味及爲羞以其不言薦即是致滋味之羞若然備品物者謂王舉則共醢六十甕以五齏七醢七菹三臡實之醢人共齏菹醢六十甕是其備品物及三牲之俎皆是也致滋味乃爲羞百有二十品者故鄭云羞出於牲及禽獸以備滋味謂之庶羞故公食云宰夫自東房薦豆六又云士羞庶羞云王言薦者味以不褻爲尊者對后世子不言薦是其褻味者也 **共祭祀之好羞** 釋曰尋常

所共者並在內外饔今言好羞注謂四時所爲膳食若荊
則是非常之物謂美魚之屬也州之鱃魚青州之蟹胥
雖非常物進之孝也　釋曰云四時所爲膳食者謂四時
之間非常美食云若荊州之鱃魚青州之蟹胥者鄭見當
時有之又見禮記禮器云大饗其王事與三牲魚腊四海
九州之美味苟可薦者莫不咸在且禹貢徐州貢蠙珠暨
魚荊州無魚文是文不
借是知好羞皆是魚也**共喪紀之庶羞賓客之禽**
獻　釋曰凡喪未葬已前無問朝夕奠及大奠皆無薦羞
之法今言共喪紀庶羞者謂虞祔之祭乃有之云賓
客之禽獻者謂若掌客上公乘禽日九十注喪紀喪事之
雙侯伯七十雙子男五十雙之類是也祭謂虞祔也
禽獻獻禽於賓客獻古文爲獸杜子春云當爲獻　釋曰
云喪紀喪事之祭謂虞祔也者天子九虞後作卒哭祭虞
卒哭在寢明日祔於祖廟今直云虞祔不言卒哭者舉前
後虞祔則卒哭在其中共庶羞可知云獻古文爲獸杜子

春云當爲獻者但賓客之禽由主人
獻之若直言賓客禽獸於義無取也 凡令禽獻以灋
授之其出入亦如之 釋曰凡朝聘賓客至並致館與之賓客既在館此庖人乃書所共禽
獻之數令於獸人以數授之故云凡令禽獻以法授之也
云其出入亦如之者既以數授獸人依數以禽入庖人是
入也庖人得此禽還依數付使者送向館是出也亦如之
者亦依法授之故云其出入亦如之若然入先出後不言
入出而言出 注令令獸人也禽獸不可久處賓客至將獻
入者便文也 之庖人乃令獸人取之必書所當獻之數
與之及其來致禽亦以此書校數之至于獻賓客又以此
書付使者展而行之掌客乘禽於諸侯各如其命之數聘
禮乘禽於客日如其饔餼之數士中日則二雙 釋曰知
令獸人者案獸人云凡祭祀喪紀賓客共其死獸生獸故
知令獸人云禽獸不可久處以下至與之以上解經令禽
以法授之云及其來致禽亦以此書校數之解經入亦如

之云至于獻賔客又以此付使者展而行之解經出亦如之言展而行之者展循省視也行去也謂將向客館之時省視禽牲然後去云掌客乘禽於諸侯各如其命之數者謂上公九命日九十雙之等又引聘禮乘禽於客曰如其饔餼之數者言此臣禮不依命數公侯伯之卿三命子男之卿再命皆以爵卿也饔餼五牢日五雙故言日如其饔餼之數云士中日則二雙者謂作介時士爵一日則一雙禽獻不以命數中間也故言間日則二雙言此者釋經以法授之法則數也

凡用禽獻春行羔豚膳膏香夏行腒鱐膳膏臊秋行犢麛膳膏腥冬行鱻羽膳膏羶

釋曰言凡用禽獻者四者不同故言凡也煎和謂之用故言凡用禽獻也云春行羔豚膳膏香者言行者義與用同春用羔豚者草物始生羔豚食而肥膳膏香者謂牛膏春木王火相土死羔豚爲其

大盛牛屬中央土故以死之脂膏殺其氣夏行腒鱐膳膏臊者腒謂乾雉鱐謂乾魚膏臊犬膏腒鱐夏之暵熱而乾故食之爲其大盛夏時金死犬屬西方金故用死之脂膏煎和之云秋行犢麛膳膏腥者秋時草物有實犢麛食之而肥故秋用犢麛膏腥謂鷄膏鷄屬東方木時木死故用死之脂膏煎和之云冬行鱻羽膳膏羶者鱻謂魚羽謂鴈冬魚之性定鴈又新來故用食之膏羶謂羊膏羊屬南方火冬時火死魚鴈食之大盛故用死之脂膏煎和之五行不言北方豕之脂膏者以其中央土王分於四時土賊水但無中央食法故不言豕之脂膏也

注　用禽獻謂煎和之以獻王鄭司農云膏香牛脂也以牛脂和之腒乾雉鱐乾魚膏臊豕膏也以豕膏和之杜子春云膏臊犬膏膏腥豕膏也鮮魚也羽鴈也膏羶羊脂也玄謂膏腥雞膏也羔豚物生而肥犢與麛物成而充腒鱐暵熱而乾魚鴈水涸而性定此八物者得四時之氣尤盛爲人食之弗勝是以用休廢之脂膏煎和膳之牛屬司徒土也雞屬宗伯木也

大屬司寇金也羊屬司馬火也　釋曰云用禽獻謂煎之
以獻王者殺牲謂之用煎和謂之膳用膳相將之言故以
煎和解用上言賓客之禽獻此用禽以王爲主故言獻王
鄭司農云膏香牛脂也者案内則鄭注釋者曰膏凝者曰
脂彼是相對之義通而言之脂膏一也故司農以脂解膏
云腒乾雉者以士相見云冬用雉夏用腒故知腒乾雉也
云鱐乾魚者籩人職云魚鱐此鱐腒同是夏用之腒既是
乾雉明鱐是乾魚云膏臊豕膏也者經云夏行腒鱐膳膏
臊此經四時所膳者皆取所賊死之脂膏火賊金即膏臊
犬膏也不得云北方之膏又杜子春云膏臊犬膏者於義
是也云膏腥豕膏也者於義非也以其秋行犢麛秋時金
王金剋木鷄屬東方木則膏腥雞膏也不得爲豕膏云鮮
魚也羽鴈也者尚書益稷云奧稷決川而鮮食鮮出於川
故知鮮魚也又此鮮對羽故知鮮是魚知羽是鴈者以其
禽摯中有羔雉鴈此禽獻中已有羔雉明亦有鴈故以羽
爲鴈也玄謂膏腥雞膏也者破子春豕膏云魚鴈水涸而

性定者依周語云天根見而水涸鄭注月令云天根見九月末是水涸在九月末十月初云是以用休廢之脂膏者五行王相相剋春木王火相土死金囚水爲休廢夏火王土相金死水囚木爲休廢已下推之可知王所勝者死相所勝者囚新謝者爲休廢若然向來所膳膏者皆是死之脂膏鄭云休廢者相對死與休廢別散則死亦爲休廢故鄭以休廢言之也云牛屬司徒土也者鄭於司徒注云牛能任載地之類故屬土云雞屬宗伯木也者雞爲翰雞又知時象春故屬木云犬屬司寇金也者金爲言犬亦言屬金云羊屬司馬火也者火爲視羊亦視故屬火

歲終則會唯王及后之膳禽不會 注膳禽四時所膳禽獻加世子可以會之 釋曰上膳夫職所掌者是其正此禽獻者是其加世子可以會故歲終則唯王及后之膳不會世子則會之矣

内饔掌王及后世子膳羞之割亨煎和之事辨體名肉物辨百品味之物注割肆解肉也亨煑也煎和齊以五味體名脊脅肩臂臑之屬肉物胾燔之屬百品味庶羞之屬言百舉成數　釋曰知割肆解肉者謂士虞禮云[illegible]去蹄此明割是肆解肉云煎和齊以五味者凡言和者皆用酸苦辛鹹甘云體名脊脅肩臂臑之屬者案少牢解羊豕前體肩臂臑後體膊骼又有正脊脡脊橫脊又有短脅正脅代脅是其體二十一體云肉物胾燔之屬者案公食大夫禮十六豆有胾胾謂切肉又案少牢主婦獻尸以燔從傳火曰燔云百品味庶羞之屬案膳夫職庶羞百有二十品今言百故鄭云舉成數

王舉則陳其鼎俎以牲體實之　釋曰言陳其鼎俎者陳鼎有二處初陳鼎於鑊西後陳鼎於阼階下其俎皆陳於鼎西南云以牲體實之者據牲體

入鑊時已解訖今言實者有兩處一者取於鑊實於鼎㨿在鑊所二者取於鼎實於俎 注取於鑊以實鼎取於鼎以實俎實鼎曰脀實俎曰載 釋曰實鼎曰脀者脀升也案少牢司馬升羊實於一鼎是實鼎曰脀案特牲云卒載加匕於鼎是其實俎曰載案少牢云升羊載右胖升豕其載如羊又有司徹亦云乃升鄭云升牲體於俎若然實鼎唯有升名無載稱若實俎升載兩有

選百羞醬物珍物以俟饋 注先進食之時恒選擇其中御者 釋曰百羞者則庶羞百二十醬物者即醬用百二十甕珍物者諸八珍之類俟待也內饔恒須選知當王意所欲者以待饋王

共后及世子之膳羞 注膳夫掌之是乃共之 釋曰后世子直言共不言饋者膳夫饋王不饋后世子此內饔言共是親饋故鄭云膳夫掌之是乃共之

辨腥臊羶香之不可食者牛夜鳴則庮羊泠

毛而毳羶犬赤股而躁臊鳥皫色而沙鳴貍

豕盲眡而交睫腥馬黑脊而般臂螻釋曰言辨腥臊者依

庖人職注腥謂雞也臊謂犬也羶謂羊也香謂牛也以腥、臊羶香表見云牛羊犬雞也言不可食者牛夜鳴則庮者其牛無事夜鳴其肉必庮庮惡臭也云羊泠毛而毳羶者泠毛謂毛長也而毳謂毛別聚結者此羊肉必羶也云犬赤股而躁臊者言赤股者股裏無毛謂之赤股非謂肉赤謂若禮記檀弓流矢在白肉非謂肉白而走又躁疾犬有如此者其肉必臊故云而躁臊云鳥皫色而沙鳴貍者皫失色也沙嘶也鳥毛失色而鳴又嘶其肉氣必鬱鬱謂腐臭云豕盲眡而交睫腥者豕乃聽物亦令望眡此豕眼睫毛交故云豕望眡而交睫豕有如此其肉必如星腥當爲星其肉如米然驗當時有如此者也云馬黑脊而般臂螻者謂馬脊黑前脛般般然其馬如此其肉螻蛄臭此一經皆是不利人**注**腥臊羶香可食者是別其不可食者則所故禁之也謂者皆臭味也泠毛毛長總結也鱅失色而澤美也沙澌也交睫腥腥當爲星聲之誤也肉有如米者似星般臂臂毛有文鄭司農云庮朽木臭也螻螻蛄臭也杜子春云盲眡當爲望視　釋曰云腥臊羶香可食者即上庖人職所云是也云是別不可食者則此是也則所謂者皆臭味也者言所謂者所謂論語鄉黨色惡不食臭惡不食云交睫腥腥當爲星聲之誤也者此經腥有二字鄭不破腥臊之腥宜破交睫腥之腥故連取交睫以解云般臂臂毛有文者鄭荅泠剛童牛之梏牛在手曰梏牛無手以前足當之此馬亦然故言般臂鄭司農云庮朽木臭也者驗今朽木其氣實臭故云朽木臭也案內則注引左氏春秋一薰一蕕此司農以其朽木臭即與一薰一蕕同故鄭不引之云螻螻蛄臭也者以內則螻爲漏脫字於義無所取故轉爲螻蛄字螻蛄則有臭杜子春盲視當爲望視者以其盲則無所覩見不得視內則爲遙望之字故子

春從内則爲正也 凡宗廟之祭祀掌割亨之事凡燕飲食亦如之凡掌共羞脩刑膴胖骨鱐以待共膳 釋曰內饔不掌外神故云宗廟之祭祀言凡者謂四時及祫禘并月祭等皆在其中掌其割亨之事上王后言煎和此不言煎和者鬼神尚質不貴褻味故不言煎和云燕飲食亦如之者謂王及后世子自燕飲食皆須割亨故云亦如之 注掌共共當爲具羞庶羞也脩鍛脯也胖如脯而腥者鄭司農云刑膴謂夾脊肉或曰膺肉也骨鱐謂骨有肉者玄謂刑鉶羹也膴牒肉大臠所以祭者胖牲體也鱐乾魚 釋曰云掌共共當爲具者據經共字有二以待共膳不破掌共其字則破之矣故云掌共共當爲具言具者具羞脩刑膴已下云羞庶羞也者庶羞則百二十品是也云脩鍛脯也者謂加薑桂鍛治之若不加薑桂不鍛治者直謂之脯云胖如脯而腥者乾則爲

脯不乾而腥則謂之胖鄭司農云刑膴謂夾脊肉者刑膴
爲二物有明文先鄭以爲刑膴夾脊肉故後鄭不從云或
曰膺肉也者無所出後鄭亦不從云骨鱐謂骨有肉者骨
自是牲體鱐自是乾魚先鄭合爲一故後鄭亦不從玄謂
刑鉶羹也者案特牲有鉶羹謂鉶器盛豕膮設於薦南故
名鉶羹云膴牒肉大臠所以祭者膴魚肉揔有也公食大
夫禮云庶羞皆有大謂大臠據肉而言案有司徹云主人
亦一魚加膴祭于其上此據魚而言也膴又詁爲大故云
膴牒肉大臠所以祭者也云骨牲體也者謂若體解二十
一雖據骨而言皆擬所食故云骨有肉云鱐乾魚者前云
夏行腒鱐與彼同故爲乾魚

凡王之好賜肉脩則饔人共之

注好賜王所善而賜也　釋曰言好賜者謂群臣王所愛好則賜之肉脩饔人共之

外饔掌外祭祀之割亨共其脯脩刑膴陳其鼎俎實

之牲體魚腊凡賓客之飧饔饗食之事亦如之 釋曰云掌外祭祀之割亨者謂天地四望山川社稷五祀外神皆掌其割亨云共其脯脩刑膴者如上釋云陳其鼎俎實之牲體魚腊者謂若鼎十有二者也云凡賓客之飧饔饗食之事亦如之者謂所陳之數如宰夫職所云者皆以外饔共 注 飧客始至之禮饔既將幣之禮致禮之故言亦如之於賓客莫盛於饔 釋曰言飧客始至之禮者宰夫職以釋訖云饔既將幣之禮者案聘禮記云聘日致饔鄭注云急歸大禮鄭云將幣者即是聘享也若諸侯來朝亦朝日致之也云致禮於賓客莫盛於饔者以其饔之中有餼有腥有牽又有酒有米兼薪與食其中多薪米禾又多故朝聘之日致之是以鄭云急歸大禮故云莫盛於饔也 邦饗耆老孤子則掌其割亨之事饗士庶子亦如之

釋曰云邦饗耆老者謂死事者之父祖兼有國老庶老云孤子者謂死王事者之子云饗士庶子者謂若宮伯注云士謂王宮中諸吏之適子也庶子其支庶也云饗者即鄭云士庶子衛王宮者若今時之饗衛士矣是也 注 子者死王事者之子也士庶子衛王宮者若今時之饗衛士矣王制曰周人養國老於東膠養庶老於虞庠 釋曰死事者之子謂若左氏哀公二十三年晉知伯親禽顔庚至二十七年齊師將興陳成子屬孤子三日朝設乘車兩馬繫五邑焉召顔庚之子而賜之是其禮孤子之法云王制曰周人養國老於東膠養庶老於虞庠者周立大學王宮之東膠膠之言糾也所以糾察王事周立小學於西郊爲有虞氏之庠制故曰虞庠國老謂卿大夫致仕者庶老謂士之致仕者經直言耆老對孤子則耆老者死事者之父祖可知但此不見饗國老庶老之文故鄭解耆老謂國老庶老

師役則掌共其獻賜脯肉之事 釋曰云師役者謂出師征

伐及巡狩田獵掌共其獻者謂獻其將帥并賜酒肉之事並掌之 注獻謂酌其長帥 釋曰以經獻謂獻酒非獻肉故鄭謂酌其長帥長帥軍將巳下至五長有功者饗獻之

凡小喪紀陳其鼎俎而實之 注謂喪事之奠祭 釋曰言小喪紀者謂夫人巳下之喪云陳其鼎俎者謂其殷奠及虞祔之祭皆有鼎俎故鄭云喪事之奠祭也

亨人掌共鼎鑊以給水火之齊 注鑊所以煑肉及魚腊之器既孰乃脀于鼎齊多少之量 釋曰云鑊所以煑肉及魚腊之器者案少牢爨在廟門外之東大夫五鼎羊豕腸胃魚腊各異鑊鑊別有一鼎鑊中肉孰各升一鼎故鄭云既孰乃脀于鼎云齊多少之量者此釋經給水火之齊謂實水於鑊及爨之以火皆有多少之齊

職外內饔之爨亨煑辨膳羞

之物釋曰亨人主外內饔爨竈亨煑之事云辨膳羞之物者膳羞則牛鼎之物是也注職主也爨人之

竈主於其竈煑物　釋曰云爨今之竈者周禮儀禮皆言爨論語王孫賈云寧媚於竈禮記祭法天子七祀之中亦

言竈若然自孔子已後皆言竈故鄭云爨今之竈祭祀共大羹鉶羹賓

客亦如之注大羹肉湆鄭司農云大羹不致五味也鉶羹加鹽菜矣　釋曰云祭祀共大羹者大羹

肉湆盛於登謂大古之羹不調以鹽菜及五味謂鑊中煑肉汁一名湆故鄭云大羹肉湆云鉶羹者謂是陪鼎膷臐

膮牛用藿羊用苦豕用薇調以五味盛之於鉶器即謂之鉶羹若盛之於豆即謂之庶羞即公食大夫十六豆膷臐

膮是也云賓客亦如之者謂若致饔餼及飧禮皆有陪鼎則鉶羹也饗食亦應有大羹故云賓客亦如之甸

師掌帥其屬而耕耨王藉以時入之以共

齍盛 釋曰言掌帥其屬者謂除府史有胥三十人徒三百人而耕種耘耨於王之藉田言以時入之者謂時入之云以共齍盛者六穀曰粢在器曰盛以共祭祀故麥則夏孰禾黍秋孰則十月穫之送入地官神倉故云以云以共粢盛 注 其屬府史胥徒也耨芸芓也王以孟春躬耕帝藉天子三推三公五推卿諸侯九推庶人終於千畝庶人謂徒三百人藉之言借也王一耕之而使庶人芸芓終之齍盛祭祀所用穀也粢稷也穀者稷爲長是以名云在器曰盛 釋曰云其屬府史胥徒也者敍官知之云耨芸芓也者詩云或芸或芓芸薅芓擁本是也云王以孟春至諸侯九推並是月令文言躬耕帝藉者天子親耕三推是也言帝藉者藉田之穀衆神皆用獨言帝藉者舉尊言之云天子三推者三推而一發云三公五推者五推而三發卿諸侯九推者九推而五發故周語云王耕一發班三之云庶人終於千畝亦周語文天子藉田千畝在南郊自天子三推巳下亦相恭敬鬼神之法又亦帥先天下

故暫時耕終之者庶人也鄭解周語庶人者謂此序官徒三百人也云粢稷也者爾雅文云穀者稷爲長是以名云者此釋經及爾雅特以粢爲號知稷爲五穀長者案月令中央土云食稷與牛五行土爲尊故知稷爲五穀長及爾雅以稷爲粢通而言之六穀皆是粢故小宗伯云辨六粢之名物是也

祭祀共蕭茅

釋曰此祭祀共蕭茅者蕭謂香蒿據祭祀宗廟時有之若共茅外內之神俱用故云祭祀共蕭茅也

注鄭大夫云蕭字或爲莤莤讀爲縮束茅立之祭前沃酒其上酒滲下去若神歆之故謂之縮縮浚也故齊桓公責楚不貢包茅王祭不共無以縮酒杜子春讀爲蕭蕭香蒿也玄謂詩所云取蕭祭脂郊特牲云蕭合黍稷臭陽達於牆屋故旣薦然後焫蕭合馨香合馨香者是蕭之謂也茅以共祭之苴亦以縮酒苴以藉祭縮酒泲酒也醴齊縮酌

釋曰鄭大夫云蕭字或爲莤莤讀爲縮鄭大夫必讀爲縮者欲以蕭茅共爲一事解之云束茅立之祭前者此鄭大夫之意取士虞

禮束茅立几東所以藉祭此義蕭茅共爲一則不可若
茅立之祭前義得通又引齊桓公責楚謂左氏僖公四年
傳辭彼齊桓使管仲責楚云爾貢包茅不入王祭不共無
以縮酒寡人是徵楚伏其罪云敢不共給是也杜子春讀
爲蕭於義爲是故後鄭從之云玄謂詩所云取蕭祭脂見
用蕭之時有脂又引郊特牲者欲見非直有脂亦有黍稷
云臭陽達於牆屋者謂饋獻之後陰厭之節取蕭與脂及
黍稷焫燒之取香氣上聞故云既薦然後焫蕭合馨香云
茅以共祭之苴者則上虞禮束茅長五寸立於几東謂之
苴者是也云亦以縮酒者左氏管仲辭是也云苴以藉祭
者亦指上虞禮也云縮酒泲酒也者鄭君解義語云醴齊
縮酌者司尊彝職文此官共茅司巫云祭祀共菹館茅以
爲菹兩官共共者謂此甸師共茅與司巫司巫爲苴以共
之此據祭宗廟也鄉師又云大祭祀共茅菹者謂據祭天
時亦謂甸師氏送茅與鄉師爲苴以共
之若然甸師氏直共茅而已不供苴耳

共野果蓏之

薦注甸在遠郊之外郊外曰野果桃李之屬蓏瓜瓞之屬

釋曰鄭言甸在遠郊之外者案載師公邑之田任甸地在二百里中司馬法百里爲遠郊今言甸在遠郊外則是二百里中云郊外曰野者釋經野野在郊外云果桃李之屬蓏瓜瓞之屬者案食貨志臣瓚以爲在樹曰果在地曰蓏不辨有核無核張晏以有核曰果無核曰蓏今鄭云果桃李之屬即是有核者也蓏瓜瓞之屬即是無核者也此從張晏之義

喪事代王受眚烖

釋曰言喪事者謂王喪既殯後甸師氏於大祝取禱辭禱藉田之神告過也代王受過災云若云黍稷不香使鬼神不逞故令王死故喪事代王受災此禱事於死王無益欲止後殃故爲此禱也注粢盛者祭祀之主也今國遭大喪若云此黍稷不馨使鬼神不逞于王既殯大祝作禱辭授甸人使以禱藉田之神受眚烖弭後殃

釋曰言粢盛者祭祀之主也者以其遭王喪遣甸師氏禱意甸師種粢盛祭祀之具以黍稷爲主故云今國遭大喪若云此

黍稷不馨湜快也使鬼神不快於王今使王死云既殯大祝作禱辭授甸人者知大祝作禱辭在既殯後者見大祝職云授甸人禱辭在大斂後大斂則殯故知在既殯後

王之同姓有辠則死刑焉

釋曰周姓姬言同姓者絶服之外同姓姬者有辠者謂凡五刑則刑殺不於市朝於此死刑焉謂死及肉刑在甸師氏必在甸師氏者甸師氏在壃場多有屋舍以爲隱處故就而刑焉案掌囚云凡有爵者與王之同族奉而適甸師氏以待刑殺此中不云其凡有爵者文不具

注鄭司農云王同姓有罪當刑者斷其獄於甸師之官也文王世子曰公族有死罪則磬於甸人又曰公族無宫刑獄成致刑于甸人又曰公族無宫刑不踐其類也刑于隱者不與國人慮兄弟

釋曰云王同姓有罪當刑者斷其獄於甸師之官者此斷獄自是秋官罪定斷訖始適甸師氏而刑殺之若然斷獄不在甸師後鄭不破之者案掌囚云凡有爵者與王之同族奉而適甸師氏以待刑

殺此經亦云死刑焉甸師氏不斷獄顯然不破之者見司農引文王世子爲證於義是故不復於中破之文王世子已下云公族有死罪則磬於甸人者鄭彼注云懸縊殺之曰磬云又曰公族無宮刑獄成致刑於甸人又曰公族無宮刑不踐其類也者覆解上公族無宮刑之義云刑于隱者不與國人慮兄弟者若刑兄弟於市朝則是與國人慮兄弟今於隱處者則是不使國人慮兄弟彼是諸侯法引之以證王之同姓刑於甸師亦是刑隱者也

帥其徒以薪蒸役外內饔之事

釋曰其徒三百人耕耨藉田于畝其事至閑故兼爲外內饔所役使共其薪蒸

注役爲給役也木大曰薪小曰蒸

釋曰此纂要文又左氏傳云其父析薪即大木可析曰薪自然小者曰蒸也

獸人掌罟田獸辨其名物

注罟罔也以罔搏所當田之獸

釋曰云

掌罟田獸者罟罔也謂以罔搏取當田之獸云辨其名物者野獸皆有名號物色案夏官四時田獵春用火夏用車秋用羅冬用徒四時各有其一以爲主無妨四時兼有罔取當田之獸

冬獻狼夏獻麋春秋獻獸物

釋曰云冬獻狼者狼山獸山是聚故狼膏聚聚則温故冬獻之云夏獻麋者麋是澤獸澤主銷散故麋膏散散則涼故夏獻之云春秋獻獸物者春秋寒温適故獸物皆獻之

注狼膏聚麋膏散聚則温散則涼以救時之苦也獸物凡獸皆可獻也及狐狸

釋曰云以救時之苦者夏苦其大熱故獻麋冬苦其大寒故獻狼案內則取稻米與狼臅膏以爲餰狼之所用唯據取膏爲餰食若麋之所用則多矣云及狐狸者案內則狐去首狸去正脊二者並堪食之物故知獸物中兼獻

時田則守罟

注備獸觸攫

釋曰守罟者謂四時田獵獸人守罟備獸觸攫者防備獸時觸罔而攫者則取之

及弊田令禽

注于虞中 釋曰及弊田者弊仆也謂田止令禽注於虞中者田止虞人致旌旗於田處之中央

注猶聚也獸人則令所田之衆大獸公之小禽私之者輸之聚於旌旗之所故言注於虞中 注弊仆也仆而田止鄭司農云弊田謂春火弊夏車弊秋羅弊冬徒弊虞中謂虞人釐所田之野及弊田植虞旗於其中致禽而珥焉獸人主令田衆得禽者置虞人所立虞旗之中當以給四時社廟之祭故曰春獻禽以祭社夏獻禽以享禴秋獻禽以祀祊冬獻禽以享烝又曰大獸公之小禽私之公之謂輸之於虞中珥焉者取左耳以致功若斬首折馘故春秋傳曰以數軍實 釋曰鄭司農云弊田謂春火弊夏車弊秋羅弊冬徒弊並大司馬職文引之者證弊田爲田止之事云虞中謂虞人釐所田之野已下地官山虞職文言虞人萊所田之野者謂於教戰之所芟治草萊云及弊田植虞旗於其中者熊虎爲旗山多虎故用熊虎及弊田田止虞人植虞旗於中引之者證經虞中之事云致禽而

珥焉者謂田衆大獸公之者各割取左耳以擬効功云春獻禽以祭社至小禽私之亦司馬職文言春獻禽以祭社者鄭彼注春土方施生云夏獻禽以享禴者夏陰氣始起鄭云象神之在内云秋獻禽以祀祊者鄭注祊當爲方謂祭四方之神云冬獻禽以享烝者冬陽氣始起亦象神之在内此祭並非四時常祭以田獵得禽牲因享祭之耳云大獸公之者謂已孕曰獸輸之於公小禽私之者未孕曰禽謂田衆得之以自入云若斬首折馘者田獵象戰伐田獵之時取禽左耳以効功若征伐之時於陳斬首折取左耳謂之馘亦以擬效功故云若斬首折馘又引春秋傳曰者案襄二十四年楚薳啓彊如齊聘齊侯祭社蒐軍實使客觀之注云蒐數軍實兵甲器械與隱公傳三年而治兵數軍實一也引之者證斬首折馘為軍實若然注傳兵甲器械與斬首折馘不同者兵甲器械自爲軍實至於斬首折馘亦是軍實仍於生執囚俘亦為軍實是以僖公三十三年晉捨秦囚先軫曰墮軍實是也

凡祭祀

喪紀賓客共其死獸生獸凡獸入于腊人釋曰凡此所共者於庖人云凡其死生鱻薨之物以共王之膳注共其完者釋曰知其完者下經云凡獸入於腊人是其不完者故知此是完者皮毛筋角入于玉府注給作器物釋曰獸人所得禽獸其中皮毛筋角擇取堪作器物者送入於玉府擬給百工飾作器物凡田獸者掌其政令釋曰謂田獵取獸禽者所有政令獸人掌之以其知田獵之法故也

䱷人掌以時䱷爲梁釋曰言以時漁爲梁者謂一歲三時取魚皆爲梁以時取之故云以時漁爲梁注月令季冬命漁師爲梁鄭司農云梁水偃也偃水爲關空以笱承其空詩曰敝笱在梁釋曰案月令季冬云命漁師始魚天子親往此注云季冬命漁師爲梁文句不同者鄭以此經有梁字故於月令以義取

之非是月令正文鄭司農梁水偃也偃水爲關空以笱承其空者謂偃水兩畔中央通水爲關孔笱者葦簿以簿承其關孔魚過者以簿承取之故詩云敝笱在梁彼齊詩云弊敗之笱在於魚梁其魚唯唯過者無制彼喩文姜與襄公淫通來往不制又魚麗詩云魚麗于罶鱨鯊注云罶曲梁寡婦之笱笱即曲簿也引之者證梁以笱爲之 春

獻王鮪 注王鮪鮪之大者月令季春薦鮪于寢廟 釋曰謂季春三月春鮪新來言王鮪鮪之大者云獻者獻於廟之寢故鄭注引月令云薦鮪於寢廟取魚之法歲有五案月令孟春云獺祭魚此時得取矣一也季春云薦鮪於寢廟即此所引者二也又案鼈人云秋獻龜魚三也王制云獺祭魚然後虞人入澤梁與孝經緯援神契云陰用事木葉落獺祭魚同時是十月取魚四也獺則春冬二時祭魚也案潛詩云季冬薦魚與月令季冬漁人始魚同五也是一歲三時五取魚唯夏不取案魯語一宣公夏濫於泗淵以其非時里革諫之乃止 辨魚

物爲鱻薧以共王膳羞 注鮮生也薧乾也 釋曰此所共者共於膳夫以共王

凡祭祀賓客喪紀共其魚之鱻薧凡𩟐者掌

其政令凡𩟐征入于玉府 注鄭司農云漁征漁者之租税漁人主收之入于王府 釋曰云凡祭祀賓客喪紀共其魚之鱻薧者此所共者共内外饔以其膳夫即不掌祭祀之事云凡𩟐者掌其政令者凡取魚者所有政令皆漁人掌之以其知取之時節及處所云凡漁征入于王府者言漁征者謂近川澤之民於十月獺祭魚之時其民亦得取魚水族之類其中須骨之事堪飾器物者所有征税漁人主收之送入于王府以當邦賦也

鼈人掌取互物 注鄭司農云互物謂有甲𦍙胡龜鼈之屬 釋曰此文與下爲目所取之

物者即下經所云是也**以時簎魚鼈龜蜃凡貍物**釋曰言以時者即下經春獻鼈蜃若然簎魚鼈據所取下經據所獻其時一也**注**蜃大蛤鄭司農云簎謂以杈刺泥中搏取之貍物龜鼈之屬自貍藏伏於泥中者玄謂貍物亦謂鱴刀含漿之屬　釋曰蜃大蛤者即月令云雉入大水化爲蜃者是也對雀入大水化爲蛤爲小蛤鄭司農云簎謂以杈刺泥中搏取之者司農意以簎爲刺此經魚鼈龜蜃皆在泥水中故須以杈刺取之貍物龜鼈之屬者案經龜鼈自顯別言貍物司農貍物中更言龜鼈者但經意所言貍物者揔龜鼈之等故司農重以龜鼈爲貍物玄謂貍物亦謂鱴刀含漿之屬者案爾雅鮤鱴刀也蜂含漿觀此鄭意鱴刀爲一物蜂爲含漿亦一物孫氏注爾雅刀魚與鱴別非鄭意**春獻鼈蜃秋獻龜魚**注此其出在淺處可得之時魚亦謂自貍藏　釋曰鄭云魚亦謂自貍藏者若不自貍藏則在上漁人取之矣

故知此魚與龜鼈是自埋藏者也

祭祀共蠯蠃蚳以授醢人 釋曰案醢人有蠯醢蠃蚳醢故以此三者授醢人 注 蠃螔蝓鄭司農云蠯蛤也杜子春云蠯蜯也蚳蛾子國語曰蟲舍蚳蝝 釋曰蠃螔蝓者一物兩名司農云蠯蛤也者杜子春云蠯蜯也者蜯即蛤也亦一物云蚳蛾子者謂蟻之子取白者以爲醢國語曰蟲舍蚳蝝者此亦是國語諫宣公之言謂夏蟲內捨去蚳蝝蚳此經蚳也蝝謂蝗也與蚳別連引之也

掌凡邦之簎事

腊人掌乾肉凡田獸之脯腊膴胖之事 釋曰云掌乾肉已下文者並是獸人所共獸人云凡獸入於腊人 注 大物解肆乾之謂之乾肉若今涼州烏翅矣薄析曰脯捶之而施薑桂曰鍛脩腊小物全乾 釋曰云若今涼州烏翅者解肉乾之狀也云小物全乾者案特牲云陳鼎

于門外㧞在其南南順實獸于上又云宗人舉獸尾告備
是其全者士用兔是其小物全乾少牢用麋不云舉獸尾
則未全若然則天子諸侯之所用雖無文其獸必大亦不
必全今云全者據有全者耳趙商問腊人掌凡乾肉而有
膴胖何鄭荅雖鮮亦屬腊人 凡祭祀共豆脯薦脯膴胖凡腊物
注脯非豆實豆當爲羞聲之誤也鄭司農云膴膺肉鄭大
夫云胖讀爲判杜子春讀胖爲版又云膴胖皆謂夾脊肉
又云禮家以胖爲半體玄謂公食大夫禮曰庶羞皆有大
有司曰主人亦一魚加膴祭于其上内則曰麋鹿田豕麕
皆有胖足相參正也大者胾之大臠膴者魚之反覆膴又
詁曰大二者同矣則是膴亦牒肉大臠胖宜爲脯而腥胖
之言片也析肉意也禮固有腥腍爓雖其有爲孰之皆先
制乃亨　釋曰知脯非豆實者案籩人職有栗脯則脯是
籩實故云脯非豆實也知豆當爲羞者案籩人職云凡祭
祀共其籩薦羞之實鄭云未飲未食曰薦已飲已食曰羞

羞薦相對下既言薦脯明上當言羞脯也鄭司農云膴膺
肉鄭大夫胖讀為判杜子春讀胖為版又云膴胖皆謂夾
有肉又云禮家以胖爲半體者文無所出皆非也玄謂公
食大夫禮曰庶羞皆有大者此據肉之所擬祭者也又引
有司曰主人亦一魚加膴祭於其上者此據主人擬祭者
也膴與大亦一也內則曰麋鹿田豕麕皆有胖足相參正
者引有司幷公食大夫二處證膴是大臠引內則明胖與
膴不同故云足相參正云大者裁之大臠者重解公食大
夫云膴者魚之反覆者反覆謂魚生時在腹下今加之於
上云膴又詁曰大者據爾雅釋詁文云二者同失者大共
膴同是一則膴是腜肉大臠同將祭先也云胖宜爲脯而
腥謂肉薄不煑者云胖之言片析肉意者此解胖是薄義
云禮固有腥𦚋爛雖其有爲孰之者祭祀之禮肫解而腥
之又有體解而爛之又有薦孰之禮禮堅固有此三者皆
當先制爲胖言此者證胖　**賓客喪紀共其脯腊凡**
與膴不同破諸家之意

乾肉之事 釋曰此所共者共内外饔也

周禮疏卷第四

周禮疏卷第五

唐朝散大夫行大學博士弘文館學士臣賈公彥等撰

天官冢宰下

醫師掌醫之政令聚毒藥以共醫事釋曰醫師者衆醫之長故掌醫之政令言聚毒藥以共醫事者謂所有藥物並皆聚之以供疾醫瘍醫等故言以供醫事注毒藥藥之辛苦者藥之物恒多毒孟子曰藥不瞑眩厥疾無瘳　釋曰言毒藥藥之辛苦者細辛苦參雖辛苦而無毒但有毒者多辛苦故云毒藥藥之辛苦者又云藥之物恒多毒者藥中有毒者謂巴豆狼牙之類是也藥中有無毒者謂人參芎藭之類是也藥之無毒亦聚之直言聚毒藥者以毒爲主故鄭云藥之物恒多毒又引孟子者案孟

子滕文公爲世子將之楚過宋見孟子而謂之云今滕國絶長補短將五十里可以爲善國乎書曰藥不瞑眩厥疾不瘳注云逸書也藥使人瞑眩悶亂乃得瘳愈猶人敦德惠乃洽也引之者證藥中有毒之意此是古文尚書説命之篇高宗語傅説之言也不引説命而引孟子者鄭不見古文尚書故也

凡邦之有疾病者疕瘍者造焉則使醫分而治之 釋曰國中有疾病者謂若疾醫所云者是也疕瘍者謂若瘍醫所云者是也云造焉者此二者皆來造醫師也云醫師則使醫分而治之者疾病者付疾醫疕瘍者付瘍醫故云分而治之下有食醫獸醫亦屬醫師不來造醫師者食醫主齊和飲食不須造醫師獸醫畜獸之賤便造獸醫故亦不須造醫師

注 疕頭瘍亦謂禿也身傷曰瘍分之者醫各有能 釋曰言疕頭瘍者案下瘍醫腫瘍等不言疕此特言疕者腫瘍等可以兼之故云疕頭瘍謂頭上有瘡含膿血者又云亦謂禿也者禿

含膿血者則入疕中禿而不含膿血者疕中可以兼之故云亦謂禿也云身傷曰瘍者曲禮云身有瘍則浴是也郎瘍醫所云腫瘍已下亦是云分之者醫各有能者疾醫知疾不知瘍瘍醫知瘍不知疾故云醫各有能

歲終則稽其醫事以制其食十全爲上十失一次之十失二次之十失三次之十失四爲下

釋曰言歲終者謂至周之歲終云則稽其醫事者謂疾醫等歲始已來治病有愈有不愈並有案記今歲終摠考計之故言稽其醫事云以制其食據所治愈不愈之狀而制其食祿而制五等之差云十全爲上者謂治十還得十制之上等之食云十失一次之者謂治十得九制祿次少於上者云十失二次之者謂治十得八制祿次少於九者十失三次之者謂治十得七制祿次少於八者十失四爲下者謂治十得六制祿次於得七者

注 食祿也全

猶愈也以失四爲下者五則半矣或不治自愈　釋曰
食祿也者食即月俸故以祿解食依序官疾醫中士瘍醫
下士案禮記王制下士視上農夫食九人祿中士倍下士
十八人祿若然中士祿食有常今差爲五等者但功適中
者守本祿功高者益之功下者損之欲勉勵醫者故爲此
五等之差云失四爲下者五則半矣或不治自愈者案漢
書藝文志云神農黃帝食藥七卷云寒温疾病之淺深辨
五苦六辛致水火之齊以通開結反之於此乃失其宜者
以熱益熱以寒益寒積氣內傷是以獨失故諺云有病不
治恒得中醫若然此經失四之類亦是以寒益寒以熱益
熱言有病不治恒得中醫故鄭云五則半矣
或不治自愈釋經所以不言十失五之意

食醫掌和王之六食六飲六膳百羞百醬八珍之齊　注和調也　釋曰言掌和王之六食以下者此等並是膳夫所掌此食醫調和而已其六食六

飲等之義並在膳夫凡食齊眡春時注飯宜溫羹齊眡夏時注羹宜熱醬齊眡秋時注醬宜涼飲齊眡冬時注飲宜寒釋曰言凡食齊眡春時者言凡者摠與下四時爲目故言凡以該之言食者即上六食則內則所云食齊一也言飯之齊和眡猶比也四時常溫比於春時故鄭云飯宜溫羹齊眡夏時者謂大羹羹鉶羹菜羹等其所齊和四時常熱故云眡夏時羹宜熱故也云醬齊眡秋時者案醢人醯人唯有醓醢不言醬即豆醬也案公食大夫公親設醬醬者食之主言醬則該諸豆實四時皆須涼故言醬齊眡秋時又云飲齊眡冬時者謂若漿人六飲水漿之等四時皆須寒故言飲齊眡冬時飲宜寒故也凡和春多酸夏多苦秋多辛冬多鹹調以滑甘釋曰言凡和者亦與下四時爲目言春多酸者東方木味酸屬春謂和食酸多於餘味一分故云春多酸云夏多苦者南方火味苦屬夏

夏時調和食苦亦多於餘味一分故云夏多苦秋多辛者西方金味辛屬秋秋時調和食辛亦多於餘味一分故云秋多辛冬多鹹者北方水味鹹屬冬冬時調和食鹹亦多於餘味一分故言冬多鹹調以滑甘者中央土味甘屬季夏金木水火非土不載於五行土爲尊於五味甘爲上故甘揔調四味滑者通利往來亦所以調和四味故云調以滑甘此五味之言出洪範及月令

注 各尚其時味而甘以成之猶水火金木之載於土內則曰棗栗飴蜜以甘之堇荁枌榆娩槁滫瀡以滑之

釋曰言各尚其時味者多一分者也必多其時味者所以助時氣也又引內則曰棗栗飴蜜以甘之者證經甘之所用物也又云堇荁枌榆娩槁滫瀡以滑之者證經滑之所用之物鄭君注內則荁堇類榆白曰枌娩新生者槁乾也齊人溲曰滫秦人滑曰瀡謂將此堇巳下和溲以滑之

凡會膳食之宜牛宜稌羊宜黍豕宜稷犬宜粱鴈宜麥

魚宜苽 釋曰凡會膳食之宜者謂會成膳食相宜之法言牛宜稌者依本草素問牛味甘平稻味苦而又温甘苦相成故云牛宜稌羊宜黍者羊味甘熱黍味苦温亦是甘苦相成故云羊宜黍豕宜稷者豭豬味酸牝豬味苦稷米味甘亦是甘苦相成故云豕宜稷犬宜粱者犬味酸而温粱米味甘而微寒亦是氣味相成故云犬宜粱又云鴈宜麥者鴈味甘平大麥味酸而温小麥味甘微寒亦是氣味相成故云鴈宜麥云魚宜苽者魚味寒魚族甚多寒熱酸苦兼有而云宜苽或同是水物相宜故云魚宜苽 **注** 會成也謂其味相成鄭司農云稌稉也爾雅曰稌稻苽彫胡也 釋曰云稌稉也者亦方俗異名云爾雅曰稌稻也苽彫胡也者今南方見有苽米是也

凡君子之食恒放焉 注放猶依也 釋曰上六食六飲一經據共王不通於下凡食春多酸已下至魚宜苽已上齊和相成之事雖以王爲主君子大夫已上亦依之故云恒放焉

疾醫掌養萬民之疾病四時皆有癘疾春時有痟首疾夏時有痒疥疾秋時有瘧寒疾冬時有嗽上氣疾釋曰言掌養萬民之疾病者此主療治疾病而云養者但是療治必須將養故以養言之疾病兩言之者疾輕病重故注論語云疾甚曰病謂疾病俱療故兩言之此直言萬民不言王與大夫醫師雖不言或可醫師治之云四時皆有癘疾者此言亦與下爲目云春時有痟首疾者春是四時之首陽氣將盛惟金沴木故有頭首之疾言痟者謂頭痛之外別有酸削之痛云夏時有痒疥疾者四月純陽用事五月巳後陰氣始起惟水沴火水爲甲疥有甲故有疥痒之疾云秋時有瘧寒疾者秋時陽氣漸銷陰氣方盛惟火沴金兼寒兼熱故有瘧寒之疾云冬時有嗽上氣疾者冬時陰氣盛陽氣方起惟土沴水以土壅水其氣不通故

有嗽上氣之疾注癘疾氣不和之疾痟酸削也首疾頭痛也嗽咳也上氣逆喘也五行傳曰六癘作見　釋曰言
癘疾氣不和之疾者癘謂癘疫人君政教失所則有五行
相剋氣敘不和癘疫起故云氣不和之疾云痟酸削也者
人患頭痛則有酸嘶而痛酸削則酸嘶也云嗽欬也者謂
若內則不敢噦欬之欬故言嗽欬也云上氣逆喘也者向
上喘息謂之逆喘引五行傳曰六癘作見案五行傳云五
福乃降用彰於下六沴作見一曰貌之不恭是謂不肅惟
金沴木又曰言之不從是謂不乂惟火沴金又曰眡之不
明是謂不哲惟水沴火又曰聽之不聰是謂不謀惟土沴
水又曰思之不睿是謂不聖惟木金水火沴土此其五沴
也言六沴者天雖無沴案洪範六極又案書傳致六極之
由皆由身之五事一曰凶短折思不睿之誅二曰疾眡不
明之誅三曰憂言不從之誅四曰貧聽不聰之誅五曰惡
貌不恭之誅六曰弱皇不極之誅據此六極皇極爲屬天
王者不極亦有痾疾病併前五者爲六沴彼言沴此鄭注

言癘者言診謂五行相乘診此言癘癘氣與人爲疫故不同若據五事所置言之四時之疾皆據眡之不明者也

以五味五穀五藥養其病 注養猶治也病由氣勝負而生攻其贏養其不足者五味醯酒飴蜜薑鹽之屬五穀麻黍稷麥豆也五藥草木蟲石穀也其治合之齊則存乎神農子儀之術云

釋曰言養猶治也者病者須養之故云養猶治也云病由氣勝負而生者假令夏時熱病者體寒即是水水贏而勝也火氣負而不足也故言由氣勝負而生云攻其贏養其不足者夏時病者則五味中食甘五穀中食稷以甘稷提土之穀味土所尅水是攻其贏也土生於火土是火之子食甘稷爲子養母之道故云養其不足也云五味醯酒飴蜜薑鹽之屬者醯則酸也酒則苦也飴蜜即甘也薑即辛也鹽即鹹也此即五味酸苦辛鹹甘也鄭不言五味酸鹹等而言醯酒之屬者當時醫方見用醯酒之等故舉以言焉又云五穀麻黍稷麥豆也者此依月令五方之穀此五

穀據養疾而食之非必入於藥分又云五藥草木蟲石穀也者草謂麻黃勺藥之類是也木謂厚朴杜仲之類是也蟲謂吳公贏蠶之類是也石謂磁石白石之類是也穀謂五穀之中麻豆之等有入藥分者是也云其治合之齊則存乎神農子儀之術云者案劉向云扁鵲治趙太子暴疾尸蹷之病使子明炊湯子儀脉神子術案摩又中經簿云子義本草經一卷儀與義一人也若然子義亦周末時人也並不說神農案張仲景金匱云神農能嘗百藥則炎帝者也言此二人能合和此術耳

以五氣五聲五色眡其死生 釋曰上文三五所以治療此經三五觀其死生故曰眡其死生

注 三者劇易之徵見於外者五氣五藏所出氣也肺氣熱心氣次之肝氣涼脾氣溫腎氣寒五聲言語宮商角徵羽也五色面貌青赤黃白黑也察其盈虛休王吉凶可知審用此者莫若扁鵲倉公 釋曰云三者劇易之徵見於外者此經三者並是人之病者氣與聲色其病在內人所不覩見其聲色則知增劇及簡易故云劇易之徵見於外者也云五藏

所出氣也者言五藏謂氣之所藏故知五氣出於五藏云
肺氣熱者此已下並據月令牲南首而言肺在上當夏故
云肺氣熱云心氣次之者心在肺下心位當土心氣亦熱
故言次之云肝氣涼者肝在心下近右其位當秋故云肝
氣涼此三藏並在膈上云脾氣溫者於藏值春故云溫云
腎氣寒者腎位在下於藏值冬故言寒此二者在膈下此
五藏寒熱等據月令成文而説及其醫方之術心屬南方
肝屬東方肺屬西方脾屬中央腎屬北方此並據五色而
言不據氣之寒熱也云五聲言語宮商角徵羽也者宮數
八十一配中央土商數七十二配西方金角數六十四配
東方木徵數五十四配南方火羽數四十八配北方水此
五聲數多者聲濁數少者聲清人之言語似之故云言語
宮商角徵羽也云五色面皃之青赤黃白黑也者此據五
方東方木色青南方火色赤中央土色黃西方金色白北
方水色黑病者面色似之云察其盈虛休王吉凶可知者
飲令冬時面色黑其氣寒聲應羽此是盈而王吉可知若

冬時其色黃其氣熱聲應宮此得中央土來剋己此是虛
而休囚可知若得東方青色等則子來助己亦吉云審用
此者莫若扁鵲倉公者依漢書藝文志大古有岐伯榆柎
中世有扁鵲秦和漢有倉公若然扁鵲在周時倉公在漢
世此二人知氣
色之候者也
兩之以九竅之變參之以九藏之動釋曰上經觀其氣色此經
驗其脉候故以參兩言之**注**兩參之者以觀其死
生之驗竅之變謂開
閉非常陽竅七陰竅二藏之動謂脉至與不至正藏五又
有胃旁胱大腸小腸脉之大候要在陽明寸口能專是者
其唯秦和平岐伯榆柎則兼彼數術者　釋曰云參兩之
者觀其死生之驗者言兩者謂九竅與所眡爲兩兩與九
藏爲參云竅之變謂開閉非常者九竅之開是其常或開
或閉即是非常故云開閉非常也云陽竅七者在頭露見
故爲陽也陰竅二者在下不見故爲陰云藏之動謂脉至
與不至者謂九藏在內其病難知但診脉至與不至即知

九藏之動故云藏之動謂脉至與不至也又云正藏五者謂五藏肺心肝脾腎並氣之所藏故得正藏之稱不數之者上已有注云又有胃旁胱大腸小腸者此乃六府中取此四者以益五藏爲九藏也六府胃小腸大腸旁胱膽三焦以其受盛故謂之爲府亦有藏稱故入九藏之數然六府取此四者案黃帝八十一難經說胃爲水穀之府小腸爲受盛之府大腸爲行道之府旁胱爲津液之府氣之所生下氣象天故寫而不實實不滿若然此則正府也故入九藏其餘膽者清淨之府三焦爲孤府非正府故不入九藏也云脉之候要在陽明寸口者但醫者診脉諸脉皆可據若脉之大候取其要者在於陽明寸口二處而已陽明者在大拇指本骨之高處與第二指間寸口者大拇指本高骨後一寸是也云能專是者其唯秦和乎者秦和在中世如前說云岐伯榆柎則兼彼數術者此二人在大古如前說但上神農子儀扁鵲倉公秦和等各專一能此二人兼上數術耳

凡民之有疾病

者分而治之死終則各書其所以而入于醫師

注少者曰死老者曰終所以謂治之不愈之狀也醫師得以制其禄且爲後治之戒　釋曰以疾醫中士二人醫各有能故使分治之也云死終者謂民之有病不問老少皆治之不愈少死則曰死似不得壽終然少曰死老者則曰終謂雖治不愈似得壽終故曰終也云則各書其所以者謂書録其不愈之狀云而入于醫師者醫師得之以制其禄則上十全爲上已下是也

瘍醫掌腫瘍潰瘍金瘍折瘍之祝藥劀殺之齊

釋曰瘍醫掌腫瘍已下四種之瘍瘡而含膿血者祝注也注藥於瘡乃後刮殺而言齊者亦有齊量之宜也　注腫瘍癰而上生創者潰瘍癰而含膿血者金瘍刃創也折瘍踠跌者祝當爲注讀如

注病之疰聲之誤也疰謂附著藥刮刮去膿血殺謂以藥食其惡肉　釋曰腫瘍癰而上生瘡者謂癰而有頭未潰者潰瘍癰而含膿血已潰破者云祝當爲注讀者疾醫非主祝說之官爲祝則義無所取故破從注注謂注藥於中食去膿血耳

凡療瘍以五毒攻之　釋曰言凡則兼上四瘍故云凡療瘍以五毒攻治之

注止病曰療攻治也五毒五藥之有毒者今醫方有五毒之藥作之合黃堥置石膽丹沙雄黃礜石慈石其中燒之三日三夜其煙上著以雞羽掃取之以注創惡肉破骨則盡出　釋曰言止病曰療者治病之名言治之則病止故云止病曰療也言合黃堥者案內則有敦堥巵匜鄭注云敦堥黍稷器不言黃此言黃者見今時合和丹藥者皆用黃瓦甂爲之亦名黃堥事出於古也

以五氣養之以五藥療　釋曰云以五穀養之者亦當據病所

以五味節之　宜擇善而用之故云以五穀養之云

以五藥療之者義如前注以五味節之者五味亦酸苦辛鹹甘亦當據病所宜食之以節成藥力者也 注殺而攻盡其宿肉乃養之也五氣當爲五穀字之誤也節節成其藥之力 釋曰鄭云旣刮殺而攻之盡其宿肉乃養之也者以經五藥在五穀之下恐人以五穀養之乃用五藥療之故鄭解之若然此五藥在五穀下者以上已言五毒攻之用此五穀養之則此五穀爲前五毒攻之乃後用五穀養之於理爲順此文重言五藥者爲下五味節成此藥故須更言五穀也云五氣當爲五穀者以其氣非養人之物又疾醫之有五味五藥五穀相將之物故破氣從穀也云節節成其藥之力者即下文以酸養骨之類是也

凡藥以酸養骨以辛養筋以鹹養脈以苦養氣以甘養肉以滑養竅 釋曰上云以五味節之即此經酸苦之等是也今云凡藥以酸養骨藥味合言者欲見五味節

成五藥故上注云節成藥力故合言之注以類相養也酸味木木根立地中似骨辛金味金之纒合異物似筋
鹹水味水中流行地中似脉苦火味火出入無形似氣甘
土味土含載四者似肉滑滑石也凡諸滑物通利往來似
竅　釋曰云以類相養也者謂苦酸與骨辛與筋之等是
也云酸木味之等並依洪範及月令爲説也云木立地中
似骨者謂似人之骨立肉中者故以酸養之云辛金味金
之纒合異物似筋者人之筋亦纒合諸骨故云似筋而以
辛養之也云鹹水味水之流行地中似脉者血脉在人亦
流行不定故云似脉而以鹹養之也云苦火味火出入無
形似氣者火乃人所覩見似若有形攬之不得亦是无形
故云似氣故以苦養之也甘土味土含載四者似肉者金
木水火非土不載故云含載四者似人之肉亦含載筋骨
氣脉故云似肉也故以甘養之也云滑滑石者以五味酸苦
辛鹹甘養骨筋氣脉與肉相配訖前食醫云調以滑甘
平常服食五味之外有滑似滑用堇黃粉榆令此養病五

味之外亦宜有滑但於藥分之中慎滑則不得如平常用堇荁等故以滑石解之凡諸滑物通利往來似竅故以滑養之也若然此經五味不以生成爲次而以木金與火水相對者此若洪範以木曰曲直金曰從革火曰炎上水曰潤下以類相對而言也

凡有瘍者受其藥焉 釋曰藥即上五藥是也凡國中有瘍不須身來者並於瘍醫取藥焉

獸醫掌療獸病療獸瘍 注畜獸之疾病及瘍療同醫 釋曰此醫唯療家畜不療野獸但畜獸義通今以畜解獸故畜獸連言之也云畜獸之疾病及瘍療同醫者以上之人疾與瘍別醫今此畜病之與其瘍同在一醫者重人賤畜故略同在一醫也

凡療獸病灌而行之以節之以動其氣觀其所發而養之

注療畜獸必灌行之者爲其病狀難知灌以緩之且強其氣也節趨聚之節也氣謂脈氣旣行之乃以脈視之以知所病　釋曰獸必先灌之者鄭云爲其病狀難知故先灌而知緩之以其瘦弱且強其氣力也

凡療獸瘍灌而劀之以發其惡然後藥之養之食之

注亦先攻之而後養之　釋曰亦上瘍醫以五穀養之義彼注先刮殺盡乃養之此亦然故云亦先攻而後養之也

凡獸之有病者有瘍者使療之死則計其數以進退之

釋曰上醫師云十全爲上者唯據疾醫與瘍醫不據獸醫故此云計其數而進退之進退亦謂據功過進退其祿也

酒正掌酒之政令以式灋授酒材

釋曰酒正辨四飲則

漿之政令亦掌之今直言掌酒之政令不言漿之政令者
但據酒之尊者而言其實漿亦掌之云以式法授酒材者
式法謂造酒法式謂米麴多少及善惡也酒材謂米麴蘖
授與酒人使酒人造酒旣言兼掌漿人則漿之法式及漿
材亦授之不言者亦舉尊言也 注 式法作酒之法式作酒旣有米麴之數又有功沽之巧月令曰乃命大酋秫稻
必齊麴蘖必時湛饎必絜水泉必香陶器必良火齊必得
鄭司農云授酒材授酒人以其材 釋曰云作酒旣有米
麴之數者謂此爲法式也云又有功沽之巧者功沽謂善
惡善惡亦是法式者也引月令者十一月之令言乃命大
酋監之者彼注酒孰曰酋酋於周禮則爲酒人案下注昔酒
今之酋久白酒則酋者久遠之稱則是久孰是善故名酒
官爲大酋若然彼注爲酒人此酒正引之者此酒正以法
式及酒材授與酒人使造酒故引酒人云秫稻必齊者必
使齊孰麴蘖必時者造之必得時湛饎必絜者湛漬饎炊
也謂漬米炊釀之時必須絜淨水泉必香者謂漬麴漬米

之水必須香美陶器必良者酒甕陶中所燒器者必須
成孰不津云火齊必得者謂釀之時生孰必宜得所也 凡
爲公酒者亦如之 釋曰言凡爲公酒者謂爲公事而
作酒言凡非一謂若鄉飲酒鄉射
之等言亦如之者
亦以式法授酒材 注 謂鄉射飲酒以公事作酒者亦以式
法及酒材授之使自釀之 釋曰言
鄉射飲酒者謂鄉飲酒鄉射飲酒鄉飲酒中有黨正飲酒
賓賢能飲酒鄉射飲酒中有州長春秋習射於序又有鄉
大夫三年賓賢能後以五物詢衆庶用州長射禮並是鄉
射飲酒若然州長黨正飲酒而謂之鄉者或是鄉大夫所
居州黨或是鄉大夫親來臨禮並得鄉名故謂之鄉此數
事者皆爲國行禮不可橫斂於民故得公酒其百家爲族
不得公酒族祭步
神之時合錢飲酒 辨五齊之名一曰泛齊二曰
醴齊三曰盎齊四曰緹齊五曰沈齊 釋曰言辨
五齊之名

者酒正不自造酒使酒人爲之酒正直辨五齊之名知其
清濁而已云一曰泛齊者泛讀如泛泛楊舟之泛言之者
謂此齊孰時滓浮在上泛泛然二曰醴齊者醴體也此齊
孰時上下一體汁滓相將故名醴齊又此醴齊作時恬於
餘齊與酒味稍殊故亦入於六 **注** 泛者成而滓浮泛泛然
飲三曰盎齊已下其類可知 如今宜成醪矣醴猶體
也成而汁滓相將如今恬酒矣盎猶翁也成而翁翁然葱
白色如今酇白矣緹者成而紅赤如今下酒矣沈者成而
滓沈如今造清矣自醴以上尤濁縮酌者盎以下差清其
象類則然古之法式未可盡聞杜子春讀齊皆爲粢又礼
器曰緹酒之用玄酒之尚玄謂齊者每有祭祀以度量節
作之 釋曰言泛者成而滓浮者此五齊皆言成者謂酒
孰曰成云如今宜成醪矣者宜成說以爲地名故曹植酒
賦曰宜成醴醪蒼梧縹清若馬融所云今之宜成會稽稻
米清似宜成以爲酒名故劉杳要雅亦以宜成爲酒名二
者未知孰是今鄭云宜成醪矣亦未知鄭意酒名地名類

下酇白則爲地名云如今恬酒矣者但於五齊中爲恬故以恬酒況之云如今酇白矣者漢時蕭何所封南陽地名酇云如今下酒矣者下酒謂曹床下酒其色紅赤故以緹名之案鄭下注五伯緹衣亦赤黑色也云如今造清矣者漢時造清孰則滓沈故以況沈齊也云自醴已上尤濁縮酌者言自醴以上唯有泛齊滓浮則濁于醴齊汁滓相將者此二者皆以茅泲之故司尊彝云醴齊縮酌郊特牲云縮酌用茅明酌也謂以事酒之上清明者和醴齊以茅泲之使可酌鄭彼注云泛從醴是二者皆縮酌故云自醴已上尤濁縮酌也云盎以下差清者案司尊彝云盎齊涗酌鄭注涗清也謂以清酒泲之則不用茅以其盎已清故也鄭彼注又云泛從醴緹沈從盎則亦用清酒泲之云其象類則然者謂五者皆舉漢法況之是其象類則然者也云古之法式未可盡聞者雖舉漢法漢承周後多得古之法只可略聞故云未可盡聞也杜子春讀齊皆爲粢云禮器曰緹酒之用玄酒之尚者子春意見禮運云粢醍在

堂又見禮器云醴酒之用又粢穀爲醍酒則其餘四齊皆以粢穀爲之故讀齊皆爲粢玄謂齊者每有祭祀以度量節作之謂祭有大小齊有多少謂若祫祭備五齊禘祭備四齊時祭備二齊是以度量節作之不從子春爲粢者禮運唯有醍齊稱粢於此五者皆稱齊子春破五齊從一粢於義不可故鄭於禮運注粢當爲齊破一粢從五齊於義可也此五齊與下三酒及春官鬯人所造鬯酒所以異者五齊三酒俱用秫稻麴蘖又三酒味厚人所飲者也五齊味薄所以祭者也是以下經鄭注云祭祀必用五齊者至敬不尚味而貴多品五齊對三酒酒與齊異通而言之五齊亦曰酒故禮坊記云醴酒在室醍酒在堂是也其鬯酒者自用黑黍爲之與此別也

辨三酒之物一曰事酒二曰昔酒三曰清酒

釋曰辨者豫先之名物者財也以三酒所成有時故豫給財令作之也言一曰事酒者此三酒並人所飲故下云共王四飲三酒也但事

酒酌有事人飲之故以事上名酒也二曰昔酒者久釀乃孰故以昔酒爲名酌無事之人飲之三曰清酒者此酒更久於昔故以清爲號祭祀用之注鄭司農云事酒有事而飲也昔酒無事而飲也清酒祭祀之酒玄謂事酒酌有事者之酒其酒則今之醳酒也昔酒今之酋久白酒所謂舊醳者也清酒今中山冬釀接夏而成　釋曰先鄭云有事而飲者謂於祭祀之時乃至卑賤執事之人祭末並得飲之昔酒無事而飲者亦於祭末羣臣陪位不得行事者並得飲之清酒祭祀之酒者亦於祭祀之時賔長獻尸尸酢賔長不敢與王之臣共器尊同酌齊故酌清以自酢故云祭祀之酒故司尊彝云皆有罍諸臣之所酢此三酒皆盛於罍尊在堂下但此清酒受尸酢故以祭祀言之玄謂事酒酌有事者之酒者先鄭云有事而飲據有事時飲之後鄭云酌有事者之酒請有事之人但是有事之人雖不當祭時亦酌酒與之是兼足先鄭義也云其酒則今之酢酒者事酒冬釀春成以漢

之醳酒況之云昔酒今之酋久白酒者言昔爲久酋亦遠
久之義故以漢之酋久白酒況之但昔酒對事酒爲清若
對清酒則爲白故云酋久白酒也故晉語云味厚寔昔毒
酒久則毒也云所謂舊醳者案禮記郊特牲云猶明清與
醆酒于舊醳之酒也彼上注云明酌者事酒之上也醆酒
盎齊涚于舊醳之酒三酒除事酒清酒則云舊醳是昔酒
可知也對事酒爲新醳昔酒爲舊醳清酒不得醳名云清
酒今中山冬釀接夏而成者以昔酒爲久冬釀接春明此
清酒久於昔酒自然接夏也中山郡
名故魏都賦云醇酎中山沈湎千日

辨四飲之物一曰清二曰醫三曰漿四曰酏

釋曰案漿人有六
飲此言四者以漿
人注酒正不辨水凉者無厚薄之齊故此唯辨四飲之物
也云一曰清則漿人云醴清也二曰醫者謂釀粥爲醴則
爲醫三曰漿者今之截漿
四白酏者即今薄粥也

注

清謂醴之泲者醫內則所謂
或以酏爲醴凡醴濁釀酏爲

之則少清矣醫之字從殹從酉省也漿今之截漿也酏今之粥内則有黍酏酏飲粥稀者之清也鄭司農說以内則曰飲重醴稻醴清糟黍醴清糟粱醴清糟或以酏爲醴漿水醷㫖致飲于賓客之禮有醫酏糟糟音聲與䊢相似醫與醷亦相似文字不同記之者各異耳此皆一物　釋曰言清與醴之泲者此鄭據漿人解之漿人云醴此云清故云清謂醴之泲者云醫内則所謂或以酏爲醴者案内則上言飲下云重醴清糟又云或以酏爲醴彼酏爲醴在飲中而在清糟下此醫又在清下故知酏爲醴當此醫云凡醴濁釀酏爲之則少清矣者謂經中醫釀粥爲之與醴少異也又云醫之字從殹從酉省也者從殹省者去羽從酉省者去水故云從殹從酉省也云漿今之截漿也者此漿亦是酒類故其字亦從截從酉省截之言載米汁相載漢時名爲截漿故云今之截漿也云酏今之粥内則有黍酏酏飲粥稀者之清也者案内則黍酏在飲中故知此酏當内則黍酏以其爲飲故知粥稀者之清也鄭司農說以内

則曰飲重醴稻醴清至或以酏爲醴摠當此經一曰清云漿當此經中漿水於此經無所當連引之耳醷當此經中醫云后致飲于賓客之禮有醫酏糟此引下文欲取糟與内則䣽一物故云糟音聲與䣽相似云醫與醷亦相似者與此經醫爲一物云文字不同記之者各異耳此皆一物者内則彼云䣽此云糟内則云醷此云醫是其文字不同皆一物也内則云重醴者清糟並設則稻醴清糟黍醴清糟粱醴清糟是其重醴也向者後鄭解或以酏爲醴爲醫今先鄭以爲醴共重醴爲一物又後鄭於内則注醷爲梅漿亦與先鄭不同以無正文故引之在下亦得爲一義故也

掌其厚薄之齊以共王之四飲三酒之饌及后世子之飲與其酒

釋曰言掌其厚薄之齊者從五齊已下非酒正所造並是酒人漿人所作故云直辨其厚薄之齊云以供王之四飲三酒之饌者謂饌陳具設之也云及后世子之飲與

其酒者不言四飲三酒直言飲與酒從不言　注后世子不饌鄭云不必具設之是以不言饌與數也　言饌其饋食不必具設之五齊正用醴爲飲者取醴恬與酒味異也其餘四齊味皆似酒　釋曰云五齊正用醴爲飲者取醴恬與酒味異也者鄭意五齊之中不用餘四齊以其醴恬故取入六飲其餘四齊味皆似酒者三酒味厚五齊味薄故言似酒醴恬全與酒味別也

凡祭祀以灋共五齊三酒以實八尊大祭三貳中祭再貳小祭壹貳皆有酌數唯齊酒不貳皆有器量　釋曰言凡祭祀者謂天地及宗廟等揔目之言云以法共五齊三酒者但祭有小大齊有多少各有常法故云以法共五齊三酒云以實八尊者五齊五尊三酒三尊故云以實八尊此除明水玄酒若五齊加明水三酒加玄酒此八尊爲十六尊不言之者舉其在尊而

言也云大祭三貳者大祭謂王服大裘衮冕所祭者也三貳者貳副也就三酒人所飲者三度副益之云中祭再貳者中祭謂王服鷩冕毳冕所祭者也再貳亦謂就三酒之中再度益之云小祭壹貳者小祭謂王服希冕玄冕所祭者也云皆有酌數者謂三等之祭副益酒尊皆有酌器盛酒益尊故言皆有酌云數者謂多少之數言唯齊酒不貳者齊酒所祭祀非人所飲故不副益云皆有器量者器謂酌齊酒注於尊中量謂皆有多少之量

注酌器所用注尊中者數量之多少未聞鄭司農云三貳三益副之也大祭天地中祭宗廟小祭五祀齊酒不貳爲尊者質不敢副益也杜子春云齊酒不貳謂五齊以祭不益也其三酒人所飲者益也弟子職曰周旋而貳唯嗛之視玄謂大祭者王服大裘衮冕所祭也中祭者王服鷩冕毳冕所祭也小祭者王服希冕玄冕所祭也三貳再貳一貳者謂就三酒之尊而益之也禮運曰玄酒在室醴醆在戶粢醍在堂澄酒在下澄酒是三酒也益之者以飲諸臣若今常滿尊

也祭祀必用五齊者至敬不尚味而貴多品　釋曰云酌器
者釋經皆有酌器二者所用注五齊三酒於尊中云數
量之多少未聞者數之與量皆是多少之言但未聞升數
耳鄭司農云三貳三益副之也者先鄭之意注酒於尊中
爲副子春後鄭亦與之同云大祭天地等者先鄭意天地
爲大祭宗廟爲中祭五祀爲小祭其實天地自有大祭小
祭宗廟亦有次小云齊酒不貳爲尊者質不敢副益也者
以其主獻尸所用少故不副益杜子春引弟子職者是管
子書弟子職篇謂弟子事師餇食酒之時弟子來往周旋
而貳者欲副益酒尊之時嗛謂不滿唯酒尊不滿者視之
更益玄謂大祭者王服大裘衮冕所祭已下至玄冕所祭
益據司服六冕差之冕服有六天地宗廟各有三等故以
六冕配之案司服王祀昊天上帝則服大裘而冕祀五帝
亦如之祀先王則衮冕祭地亦用大裘是天地宗廟亦有
大祭一也云中祭者王服鷩冕毳冕所祭也者案司服先
公則鷩冕四望山川則毳冕是地與宗廟次祭二也但天

之次祀不見衣服者日月是天之次祀以其大報天上日配以月服大裘故春分朝日秋分夕月兼服玄冕故天之次祀中不見衣服云小祭者王服希冕玄冕所祭也者案司服社稷五祀則希冕羣小祀則玄冕鄭彼注山林川澤之屬鄭雖不言風師雨師等之屬中兼之也唯見天地小祭不見宗廟小祭者馬融以爲宗廟小祭謂祭殤是也祭殤之時或可亦用玄冕若然案禮器云一獻質謂祭羣小祀當玄冕三獻文謂祭社稷五祀當希冕五獻察謂祭四望山川當毳冕七獻神謂祭先公當鷩冕雖不言九獻下云大饗其王事與大饗謂祫祭先王爲九獻當袞冕禮器下文云大饗不足以大旅大旅當大裘據此一獻至九獻以此獻數約之故六服差爲三案司服四望山川服毳冕五獻社稷服希冕三獻社稷在山川下案大宗伯以血祭祭社稷五祀五嶽而社稷在五嶽上者五嶽與土地異形若畿外諸侯服獻則尊於王朝之臣社稷號曰土神似若王朝之臣服獻則卑於五嶽而在五嶽上者似若王人雖

微猶叙諸侯之上案王制宗廟之牛角握國語山川之牛角尺社稷尊於五嶽者彼自從國中之神莫貴於社故與宗廟同用握引禮運曰玄酒在室者謂鬱鬯在室中而玄酒即明水也配鬱鬯故在室醴醆在戶者醴謂醴齊醆謂盎齊並在戶也粢醍在堂者粢當爲齊齊醍在堂也澄酒在下者澄謂沈齊酒謂三酒二者並在堂下也云澄酒是三酒也者案鄭志趙商問禮運注澄是沈齊今此注澄酒是三酒何鄭荅今解可去澄字若然鄭本於此注時直云酒是三酒無澄字有澄字者誤當云酒是三酒云益之者以飲諸臣者言益之解經中貳案司尊彝云皆有罍諸臣之所酢是飲諸臣也云若今常滿尊也者言益之故常滿故以漢法況之云祭祀必用五齊者至敬不尚味而貴多品者鄭意五齊味薄於三酒而數多但鬼神享德不享味故須至極敬而已是以引郊特牲云至敬不尚味而貴多品也

共賓客之禮酒共后之致飲于賓客之

禮醫酏糟皆使其士奉之釋曰云共賓客之礼酒者謂王有故不親使人致酒於客館云共后之致飲于賓客之礼醫酏糟者言致飲之中取一飲以致之云醫酏糟者謂醫酏不涉者也云皆使其士奉之者酒使酒人漿使漿人皆奄士故云使其士奉之

注礼酒王所致酒也王致酒后致飲夫婦之義糟醫酏不涉者涉曰清不涉曰糟后致飲無醴醫酏不清者與王同體屈也亦因以少爲貴士謂酒人漿人奄士

釋曰言禮酒王所致酒也者下酒人云賓客之陳酒彼言陳謂若致饗餼列陳於客館中言礼酒不言陳謂饗燕之酒王當親饗燕王有故則使人就館以酬幣致之云王致酒后致飲夫婦之義者酒是陽故王致之飲是陰故后致之是陰陽相成故云夫婦之義云后致飲無醴醫酏不清者與王同體屈也者言后致飲無醴醫酏不清者對下漿人共夫人致飲於賓客之礼清醴醫酏糟而奉之謂夫人卑於后致三飲醫酏糟上加之以清醴令后尊唯

有醫酏二飲無清醴既無清醴醫酏當清今皆不清者以其后尊夫妻片合與王同體故屈夫人卑與王不同體得申故加之以清醴也云亦因以少爲貴者案礼器云有以少爲貴者天子無介祭天特牲是以少爲貴則夫人三飲后二飲是因以少爲貴云士謂酒人漿人奄士者案序官酒人奄十人漿人奄五人皆不言士此經注皆士者爲官首當是士但非賢故不言士內小臣是奄而稱士鄭云異其賢

凡王之燕飲酒共其計酒正奉之 注共其計者獻酬多少度當足也故書酒正無酒字鄭司農云正奉之酒正奉之也 釋曰謂王與群臣燕飲之酒 共其計者謂計群臣多少以足爲度酒正奉之者以其共王故酒正自奉之

凡饗士庶子饗耆老孤子皆共其酒無酌數 注要以醉爲度 釋曰言饗士庶子謂若宮伯宿衛王宮皆士適子庶子其支庶云饗耆老孤子者謂外饔注耆老

謂國老孤子者謂死王事之子王皆饗養之則共其酒

掌酒之賜頒皆有灋以行之

注法尊卑之差 釋曰云賜頒皆有法以行之者謂以酒頒羣臣也皆有法以行之者尊者得多卑者得少多少皆有常法言以行之者謂依法給之

凡有秩酒者以書契授之

釋曰秩常也謂若老臣年九十巳上常與之酒云以書契授之者謂酒正授使者酒書之多少以爲契要而與之故云以書契授之

注鄭司農云有秩酒者給事中予之酒秩常也常受酒者國語曰至于今秩之玄謂所秩者謂老臣王制曰七十不俟朝八十月告存九十日有秩 釋曰鄭司農云有秩酒者給事中予之酒秩常也常受酒者司農之意謂在朝羣臣親近於王摠名給事中王常以酒與之故云常受酒者又引國語者案楚語云鬬且廷見令尹子常聞子常畜貨聚馬鬬且廷以爲非遂陳令尹子文之行云昔鬬子文三舍令尹無一日之積成王聞子文行

於是每朝設脯一束糗一簏以羞子文至於今秩之後鄭
皆不從之者給事中與之酒不言秩因朝而羞子文又非
酒故不從之矣引王制曰七十不俟朝者謂不待朝事畢
即去八十月告存者謂月月使報告老人存否九十日有
秩者謂日日有秩膳即此
經秩酒是也故引以爲證

酒正之出日入其成月入其要小宰聽之

釋曰言酒正之出者謂授酒材與
酒人及出酒與人云日入其成者
謂酒人用多少日計所用酒以此成入於酒正云月入其
要者謂酒正得酒人日計文書日計其月要至月盡以月
計文書入於小宰故云月入其要小宰聽
之者小宰得酒正文書聽斷之知其得失

注 出謂授酒材及用酒
之多少也受用酒者日言其計於酒正酒正月盡言於小
宰 釋曰言出謂授酒材者謂授酒人以其材酒正職首
所言者是也及用酒之多少者謂若共五齊三酒以下是
也云受用酒者日言其計於酒正者受用酒謂用酒多少

是酒人也故曰言其計於酒正也云酒正月盡言於小宰者釋經月入其要歲終則會唯

王及后之飲酒不會以酒式誅賞注誅賞作酒之善惡者

釋曰直言唯王及后不會不云世子以其酒與膳異膳羞食之正則世子亦不會膳禽食之加世子會之酒亦爲加故亦會之以酒式誅賞者作酒有舊法式依法善者則賞之惡者則誅責之

酒人掌爲五齊三酒祭祀則共奉之以役世婦釋曰言爲五齊三酒者爲猶作也云祭祀則共奉之者謂酒人共而奉之云以役世婦者屬春官宫卿官也酒人以奚送酒至世婦因爲世婦所役使注世婦謂宫卿之官掌女宫之宿戒及祭祀比其具酒人共酒因留與其奚爲世婦役亦官聯釋曰云世婦謂宫卿之官者所謂春官云每宫卿一人故云世婦謂宫卿之官也云掌女宫之

宿戒者此亦世婦職文引此者其職云及祭比其具則此
酒等是故送酒以往爲世婦所設言亦官聯者即小宰云
祭祀之聯事是也

共賓客之禮酒飲酒而奉之

釋曰云共賓客之禮酒飲酒者此二者酒正使酒人奉授賓客

注

酒正使之也禮酒饗燕之酒飲酒食之酒此謂給賓客之稍王
不親饗燕不親食而使人各以其爵以酬幣侑幣致之則
徙而以酒往 釋曰知酒正使之者酒正云共賓客之禮
酒使其士奉之士即此酒人也彼不言飲酒者禮酒中可
以兼之矣云禮酒饗燕之酒者謂饗燕食賓之酒也云飲酒
食之酒者謂食時有酒者曲禮云酒漿處右則此非獻酬
酒是酳口之酒也云此謂給賓客之稍者此禮酒飲酒揔
言王若不親燕飲食則使人致之於客館任賓客稍稍用
之故云給賓客之稍云王不親饗燕不親食者謂王有故
不得速賓親行此三者云使人各以其爵以酬幣侑幣致
之者此並聘禮文案彼云若不親食使大夫各以其爵朝

服致之以侑幣致饗以酬幣亦如之彼雖無致燕法案鹿鳴燕羣臣嘉賓有實幣帛則致燕亦以酬幣致之與饗同云各以其爵者則諸侯來朝遣三公致饗卿來聘遣卿大夫致饗燕以酬幣致食以侑幣故云酬幣侑幣致之云則從而以酒往者謂酒人以酒從使人欲往客館授與賓客

凡事共酒而入于酒府

注入于酒正之府者是王燕飲之酒酒正當奉之 釋曰此謂酒正所奉者則酒正云凡王之燕飲酒酒正奉之并共王之四飲三酒之饌亦是酒正奉之以其事非一故言凡事共酒入於酒正之府

凡祭祀共酒以往

注不言奉小祭祀 釋曰上云祭祀共奉之謂大祭次祭此不言奉謂小祭祀王玄冕所祭者故云共酒以往

賓客之陳酒亦如之

釋曰謂上公饔餼九牢之等案聘禮云卿韋弁歸饔餼牲牢及芻薪米禾等並歸於客館彼八壺設於西序北上天子致禮於諸侯亦當陳於西序故云賓客

之陳酒亦如之者注謂若歸饔餼之酒亦自有奉之者以亦以酒從使人往注酒從往　釋曰經直云賔客陳酒不指斥言饔餼鄭不敢正言故言若饔餼之酒云亦自有奉之者謂使卿韋弁歸之者是也云以酒從往者謂卿韋弁歸饔餼等之時亦使人以此酒從往致之

漿人掌共王之六飲水漿醴涼醫酏入于酒府　釋曰言入於酒府者亦入於酒正之府與三酒同以其酒正奉之故也　**注**　王之六飲亦酒正當奉之醴醴清也鄭司農云涼以水和酒也玄謂涼今寒粥若糗飯雜水也酒正不辨水涼者無厚薄之齊　釋曰云王之六飲亦酒正當奉之者亦如酒人共酒入於酒府酒正奉之故此云亦酒正當奉之言當者酒正所云有不自奉者唯共王乃奉之故云當云醴醴清也者酒正辨四飲言清不言醴彼鄭云清醴之泲者此漿人六飲言清

謂醴之不泲清濁雖殊本是一物故云醴清也鄭司農云涼以水和酒也者和水非人所飲又且若以酒和水即是厚薄之齊酒正何因不辨之乎故後鄭不從玄謂涼今寒粥若糗飯雜水也者案内則飲内有濫無涼彼鄭云以周禮六飲校之則濫涼也紀莒之間名諸爲濫言諸者非一之義内則名涼爲濫參驗相當故鄭云涼今寒粥若糗飯雜水也云酒正不辨水涼者無厚薄之齊者此文六飲并有水涼酒正辨四飲無水涼以其水則臨時取用涼則至用乃和二者並不須豫辨故言無厚薄之齊

共賓客之稍禮注稍禮非飧饔之禮留間王稍所給賓客者槳人所給亦六飲而已　釋曰云稍禮非飧饔之禮留間王稍所給賓客者謂賓未去留間王稍稍所給賓者也故以稍言之云槳人所給亦六飲而已者槳人不主酒齊唯主飲故知此稍禮所給六飲而

共夫人致飲于賓客之禮清醴醫酏糟

而奉之 釋曰夫人謂三夫人致飲於賓客之禮助三夫 賓亦致於客館清醴醫酏糟若清醴之泲者即
酒正所云一曰清是也醫酏糟者謂醫酏不泲者 注亦酒正使
此二飲與后同而奉之者亦使漿人奄士奉之
之三物有清有糟夫人不體王得備之禮飲醴用柶者糟
也不用柶者清也 釋曰云亦酒正使之者亦謂酒正使
酒人漿人奄士也故酒正云醫酏使其士奉之彼注士酒
人漿人奄士故知亦酒正使之云三物有清有糟夫人不
醴體王得備之者對后體王屈故醫酏糟而無清醴也云禮
飲醴用柶者糟也者案士冠禮禮子用醴有柶是用柶者
糟也但柶只爲糟設醴既泲而清則不假
柶則此經清醴是也故云不用柶者清也 凡飲共之 注謂
非食時 釋曰上共王共飲食時以共
訖此又云凡飲共之故云謂非食時

凌人掌冰正歲十有二月令斬冰三其凌

釋曰言掌冰者謂凌人揔掌藏冰出冰之事故云掌冰也

云正歲十有二月令斬冰者正歲謂夏之建寅爲正十有二月謂建丑之月冰堅腹厚之時令入山斬冰三其凌者凌謂冰室之中三倍納冰備消釋度故也

注正歲季冬火星中大寒冰方盛之時春秋傳曰火星中而寒暑退凌冰室也三之者爲消釋度也故書正爲政鄭司農云掌冰政主藏冰之政也杜子春讀掌冰爲主冰也政當爲正正謂夏正三其凌三倍其冰

釋曰云正歲季冬者周雖以建子爲正行事皆用夏之正歲若據殷周則十二月冰未堅若據夏之十二月冰則堅厚故正歲據夏也云火星中大寒冰方盛之時者火星中謂十二月平旦火星中於十二月小寒節大寒中是冰方盛之時也引春秋傳曰火星中而寒暑退者此左氏昭公三年鄭游吉如晉送少姜之葬張趯見之云自今子其無事矣譬如火焉火中而寒暑乃退注云火星季冬十二月平旦正在南大寒退季夏六月黄昏火中暑退此其極也能無退乎引此者證十二月

堅退之時冰最盛故取之云故書正爲政者政是政敎字故先鄭從之云掌冰政主藏冰之政後鄭不從先鄭故引子春讀掌冰爲主冰言正謂夏正於下還從經正歲向下爲義後鄭依子春改者若歲字向下即是周之十二月冰未厚故從子春也又云三其凌三倍其冰者謂應十石加至四十石即是三倍其冰也

春始治鑑

釋曰春謂正月始治鑑者鑑是盛冰之器春豫治之爲二月將出冰

注鑑如甄大口以盛冰置食物于中以禦溫氣春而始治之爲二月將獻羔而啓冰

釋曰鑑如甄者漢時名爲甄即今之甕是也故云如甄大口以盛冰云春而治治之爲二月將獻羔而啓冰者案月令仲春云獻羔而開冰先薦寢廟七月詩亦云四之日其蚤獻羔祭韭是二月出冰者始用之

凡外内饔之膳羞鑑焉凡酒漿之酒醴亦如之

注酒醴見溫氣亦失味酒漿酒人漿人也

釋曰言凡外内饔之膳羞鑑焉者謂王后及世子并饔者皆孤子之等以下

文云祭祀此經直云膳羞明非祭祀也二月之後皆須鑑以
盛冰故云鑑焉云凡酒漿之酒醴者酒謂酒人之酒謂三
酒五齊與酒而言漿人之醴謂六飲
與醴而言云亦如之者亦以鑑盛冰　**祭祀共冰鑑賓**
客共冰　釋曰此云祭祀者謂天地社稷及宗廟之等皆
共鑑云賓客共冰者謂諸侯來朝王禮之以飧
及饔餼直共冰　**注**　不以鑑往嫌使停膳羞　釋曰冰若有
以往無鑑也　鑑則冰不銷釋食得停久故鄭云不以
鑑往嫌使　**大喪共夷槃冰**　釋曰亦謂三月已後遭大
停膳羞　喪則共夷槃及冰與王喪
共后世子及三夫人已下小喪亦共之但王及后有夷槃
自外當與諸侯已下同大槃等其世婦已上有冰則與大
夫同女御與士同　**注**　夷之言尸也實冰于夷槃中置之尸
無冰見賜乃有也　牀之下所以寒尸尸之槃曰夷槃牀
曰夷牀衾曰夷衾移尸曰夷于堂皆依尸而爲言者也漢
禮器制度大槃廣八尺長丈二尺深三尺漆赤中　釋曰

喪大記云君設大盤造冰焉大夫設夷盤造冰焉士併瓦
盤無冰下又云設牀襢第有枕含一牀襲一牀是實冰置
尸牀之下以寒尸也云牀曰夷牀者儀禮既夕禮文云夷
衾者喪大記云自小斂已後用夷衾是也云移尸曰夷於
堂者亦喪大記云既小斂男女奉尸夷于堂是皆依尸而
爲言也云漢禮器制度云云者叔孫通前漢時作漢禮器
制度多得古之周制故鄭君依而用之也依制度云天子
大槃廣八尺長丈二尺深三尺漆赤中此經雖云夷槃無
形制故依焉若然此周謂之夷槃漢謂之大槃是別代異
名案喪大記君設大盤者彼諸侯不敢與天子同名夷盤
故名大盤彼大夫云夷盤者卑不嫌得與天子同名其制則小也

夏頒冰掌事

釋曰夏頒冰者據頒賜羣臣言掌事者謂主此賜冰多少合得不合得之事

注 暑氣盛王以冰頒賜則主爲之春秋傳曰古者日在北陸而藏冰西陸朝覿而出之

釋曰謂二月之時蝿蟲已生公始用之四月已後暑氣漸盛則賜及羣

下云春秋傳曰老左氏昭四年正月大雨雹季武子問不
申豐曰雹可禦乎對曰聖人在上無雹雖有不爲災古月
日在北陸而藏冰西陸朝覿而出之其藏之也深山窮谷
固陰沍寒於是乎取之其出之也朝之祿位賓食喪祭於
是乎用之其藏之也黑牡秬黍以享司寒其出之也桃弧
棘矢以除其災其出入也時食肉之祿冰皆與焉大夫命
婦喪浴用冰祭寒而藏之獻羔而啓之公始用之火出而
畢賦服氏云火出於夏爲三月於商爲四月於周爲五月
自命夫命婦至於老疾無不受冰爾雅云北陸虛也服氏
云陸道也北陸言在謂十二月日在危一度西陸朝覿不
言在則不在昴謂二月在婁四度謂春分時奎婁晨見東
方而出冰是公始用之今此鄭注引朝覿而出之謂經夏
頒冰則西陸爾雅曰西陸昴也朝覿而出冰羣臣用之者
然日體在昴在三月內得爲夏頒冰者據三月末之節氣
故證夏頒冰此言夏據得夏之節氣春秋言火出者據周
至於七月詩二之日鑿冰三之日納於凌室四之日其蚤

獻羔祭韭孫皓問藏之既晚出之又早何鄭荅曰土晚寒
故夏正月納冰夏二月仲春大蔟用事陽氣出地始温故
礼應開冰先薦寢
廟是公始用之也 **秋刷** 注刷清也鄭司農云刷除冰室當更内新冰玄謂秋涼冰不用可以清
除其室 釋曰先鄭云刷除凌室當更納新冰者先鄭直
至除舊納新不言秋涼而冰不用於理未當經旨故後鄭
云秋涼冰不用可以清除其室
至十二月自然更納新冰也 **籩人掌四籩之實** 注
釋曰言四籩謂下經朝事饋食加籩羞籩是也云之實
籩竹掌此四種籩中所實之物麷蕡白黑之等是也
籩之字竹下爲之亦依漢禮器制度而知也云如豆者皆
以其器如豆者其容實皆四升 釋曰鄭知籩是竹器者
面徑尺柄尺亦依漢禮知之也云其容實皆四升者據其
籩之所受則曰容據其所實麷蕡等則曰實故云容實皆
四升亦約與豆四升同也 **朝事之籩其實麷蕡白黑形鹽**

膴鮑魚鱐 釋曰此言朝事謂祭宗廟二灌之後祝延尸於戶外后薦此八籩八籩者則麷爲熬麥一也蕡爲麻子二也白爲熬稻米三也黑爲熬黍米四也形鹽鹽似虎形五也膴以魚肉爲大臠六也鮑以魚於楅室糗乾之七也鱐爲乾魚八也 注 蕡枲實也鄭司農云朝事謂清朝未食先進寒具口實之籩熬麥曰麷麻曰蕡稻曰白黍曰黑築鹽以爲虎形謂之形鹽故春秋傳曰鹽虎形玄謂以司尊彝之職參之朝事謂祭宗廟薦血腥之事形鹽鹽之似虎者膴䐑生魚爲大臠鮑者於楅室中糗乾之出於江淮也鱐者析乾之出東海王者備物近者腥之遠者乾之因其宜也今河閒以北煮穜麥賣之名曰逢燕人膾魚方寸切其腴以啗所貴 釋曰云蕡枲實也者案喪服云苴絰子夏傳云苴麻之有蕡蕡是麻之子實也又案䟽衰裳齊牡麻絰子夏傳云牡麻者枲麻也則枲麻謂雄麻也若然枲麻無實而解蕡爲枲實者舉其類耳謂若圓曰簞方曰笥不同鄭注論語云簞笥舉類義同也鄭

司農云朝事謂清朝未食先進寒具口實之籩者此先鄭不推上下文勢祭祀爲義直以爲生人所食解之故後鄭不從也云熬麥曰麷字從麥知麷爲熬麥也云麻曰蕡者已釋訖云稻曰白者以其稻米見白云黍曰黑者爾雅有秬黑黍故知黑是黍二者亦皆熬之乃可也已上後鄭從之云築鹽以爲虎形又引春秋傳曰者左氏僖三十年冬王使周公閱來聘饗有昌歜白黑形鹽服氏云昌歜昌本之葅辭曰國君文足昭也武可畏也則有備物之饗以象其德薦五味羞嘉穀鹽虎形服云剋形非是築剋爲之故後鄭不從也玄謂以司尊彝之職參之朝事謂祭宗廟薦血腥之事者案司尊彝職除一灌有朝踐饋獻爲食前二節彼又有朝獻再獻食後酳尸爲一節又參少牢主人酬尸宰夫羞房中之羞復爲一摠四節亦據祭宗廟故鄭云然也祭宗廟無血鄭云薦血腥者鄭注論語亦云禘祭之禮自血腥始皆謂毛以告純血以告殺是爲告殺時有血與朝踐薦腥同節故連言血耳非謂祭血也云形鹽鹽之

似虎形者以爲自然似虎形此破先鄭築鹽爲虎形也云膴膴生魚爲大臠者膴已釋訖云鮑者於福室中糗乾之出於江淮也者鄭以目驗知之言福室者謂福土爲室云鱐者析乾之出東海者上云夏行腒鱐鱐已釋訖言出東海者亦目驗知之云王者備物近者腥之膴是也遠者乾之鮑及鱐是也因其宜者近宜濕遠宜乾也若然經鮑鱐一者魚在於中明二物皆魚云今河間以北煑穜麥賣之名曰逢引漢法證麷亦是熬煑之麥云燕人膾魚方寸切其腴以啗所貴者亦引時事證膴膴亦是腹腴以擬祭與啗貴者同也

饋食之籩其實棗㮚桃乾䕩榛實　釋曰此謂朝踐薦腥後堂上更體其犬豕牛羊亨孰之時后先謂之饋食之籩也其八籩者其實棗一也栗二也桃三也乾䕩謂乾梅四也榛實五也其於八籩仍少三案乾䕩既爲乾梅經中桃是濕桃既有濕桃乾梅明別有乾桃則注引内則桃諸鄭云是其乾者既有濕桃明有濕梅可

知以乾桃濕梅二者添五者爲七籩案桃梅既並有乾濕
則棗中亦宜有乾濕復取一添前爲八也必知此五者之
中有八者案儀禮特牲少牢士二籩二豆大夫四籩四豆
諸侯宜六天子宜八醢人饋食之豆有八此饋食之籩言
六不類又上文朝事之籩言八下加籩亦八豈此饋食在
其中六乎數事不可故以義參之爲八若不如此任賢者
裁之也

注饋食薦孰也今吉禮存者特牲少牢諸侯之大夫
士祭禮也不裸不薦血腥而自薦孰始是以皆云
饋食之禮乾䕩乾梅也有桃諸梅諸是其乾者榛似栗而
小 釋曰云饋食薦孰也者謂於堂上饋孰之時后薦之
云今吉禮存者吉禮謂祭祀以其天子諸侯祭祀之禮亡
故云存者云特牲少牢諸侯之大夫士祭禮也者以天子大
夫大牢祭今用特牲少牢故知諸侯大夫士祭禮也云不
裸不薦血腥者若天子諸侯則有室中二裸堂上朝踐薦
血腥之禮大夫則無此二者也云而自薦孰始是以皆云
饋食之禮者天子諸侯大夫士雖同名饋食仍有少別何

者天子諸侯尸食前仍有饋獻二是饋孰陰厭陰厭後尸
入室食乃獻大夫士則饋孰與黍稷爲陰厭陰厭前無饋
獻以此爲異耳云乾䕩乾梅也者以經乾䕩上有桃故知
乾䕩乾梅也云有桃諸梅諸者內則文而鄭引之者證乾
䕩中有乾桃乾梅故云是其乾者云榛似栗而
小者今居山者見食之似栗而小亦目驗知之 加籩之

實蔆芡㮚脯蔆芡㮚脯 釋曰此加籩當尸食後王酳尸后亞王酳尸於

時薦之四物重 注 加籩謂尸既食后亞獻尸所加之籩重
言之則八籩 言之者以四物爲八籩蔆芡也芡雞頭
也栗與饋食同鄭司農云蔆芡脯脩 釋曰知籩是尸既
食后亞獻尸所加之籩者案春官內宗云掌宗廟之祭祀
薦加豆籩以其內宗所薦明主於后又見特牲主婦獻尸
云宗婦執兩籩於戶外主婦受設於敦南主人獻尸之時
不見有設籩之事故知唯主於后也少牢主婦不設籩者
以其當日賓尸故也其下大夫不賓尸者亦與士同也云

淩芰也者屈到嗜芰即蔆角者也云芡雞頭也者俗有二名今人或謂之鴈頭也先鄭云蔆芡脯脩者先鄭意注饋食重言故爲脩替栗得爲一義故引之在下也

羞籩之實糗餌粉餈 釋曰此當王酬尸內饔進之於尸侑等者也云糗餌粉餈者此爲二籩糗與粉爲一物恐餌餈黏著籩故分于二籩之下

注羞籩謂若少牢主人酬尸宰夫羞房中之羞于尸侑主人主婦皆右之者故書餈作茨鄭司農云糗熬大豆與米也粉豆屑也茨字或作餈謂乾餌餅之也玄謂此二物皆粉稻米黍米所爲也合蒸曰餌餅之曰餈糗者擣粉熬大豆爲餌餈之黏著以粉之耳餌言糗餈言粉互相足 釋曰言羞籩謂若少牢主人酬尸宰夫羞房中之羞于尸侑主人主婦皆右之者天子祭祀之禮亡故取少牢大夫禮解之 案有司徹上大夫當日賓尸正祭不設內羞故於賓尸設之此天子之禮賓尸在明日則祭祀日當設之案少牢下大夫不賓尸者宥[illegible]致爵文酢云宰夫羞房中之羞

司士羞庶羞于尸祝主人主婦內羞在右庶羞在左天子
之禮賓長受酢後亦當設此內羞庶羞于尸祝及王與后
然鄭不引不賓尸而引賓尸者以其設內羞之禮同故秖
引其一但正祭設於祝賓尸故於侑又賓尸主人酬尸後
正祭賓長受酢後爲異耳云故書餈作茨者此宜從食不
得從草故先鄭破之從經爲正鄭司農云糗熬大豆與米
也粉豆屑也並於義是但於義不足故後鄭增成之云茨
字或作餈者謂故書亦有作次下食者云謂乾餌餅之也
者餅之曰餈未正乾之言故後鄭不從玄謂此二物皆粉
稻米黍米所爲者據當時目驗而知云合蒸曰餌餅之曰
餈者謂粉稻米黍米合以爲餌餌既不餅明餅之曰餈今
之餈餻皆解之名出於此云糗者擣粉熬大豆者此與司
農義同司農不言擣故後鄭增成之云餌言糗餈言粉互
相足者此本一物餌言糗謂熬之亦粉之餈言粉擣之亦
糗之凡言互者據兩物相互今一物之上自相互直是理
不足明故言互相足內則注擣熬穀穀則大豆也穀揔名

周禮疏卷第五

事掌之注於其飲食以共房中之羞　釋曰言凡共后世子飲食之時用房中之羞

為王及后世子共其內羞　凡籩

喪事及賓客之事共其薦籩羞籩　釋曰喪事謂大奠時賓客之事謂饗燕時亦共其薦籩羞籩　注喪事之籩謂殷奠時　釋曰殷猶大也大奠朔月月半薦新祖奠遣奠之類也

即加籩之實是也

後獻祭祀也據朝踐饋獻時未獻前所薦籩豆朝事饋食之籩是也云既食既飲曰羞者謂尸食後酳尸訖所進羞

共其籩籩則薦羞之實是也　注薦羞皆進也未食未飲曰薦既食既飲曰羞　釋曰云未食未飲曰薦者先薦

也　凡祭祀共其籩薦羞之實　釋曰祭祀言凡者謂四時禘祫祭皆

周禮疏卷第六

唐朝散大夫行大學博士弘文館學士臣賈公彦等撰

醢人掌四豆之實朝事之豆其實韭菹醓醢昌本麋臡菁菹鹿臡茆菹麇臡 釋曰言四豆之實者豆與籩並設節數與四籩同時亦謂朝事饋食加豆羞豆之實是也言朝事之豆者亦謂朝踐節云其實韭菹醓醢者於豆內韲菹之類菜肉通全物若䐑爲菹細切爲韲又不言菹者皆是韲則昌本之類是也言昌本本根也昌蒲根爲韲言麋臡者以麋肉爲醢以其并骨爲之 **注** 醓肉汁則曰臡菁菹鹿臡茆菹麇臡爲八豆並后設之也昌本昌蒲根切之四寸爲菹三臡亦醢也作醢及臡者必先膊乾其肉乃後莝之雜以梁麴及鹽漬以美酒塗置甀中百

曰則成矣鄭司農云麇臡麋骭髓醢或曰麇臡醬也有骨
爲臡無骨爲醢菁菹韭菹鄭大夫讀茆爲茅茅菹茅初生
或曰茆水草杜子春讀茆爲卯玄謂菁蔓菁也茆鳬葵也
凡菹醢皆以氣味相成其狀未聞　釋曰言醢肉汁者醢
者以肉爲之醢汁即是肉汁云昌本昌蒲根者本訓根云
切之四寸爲菹者但菹四寸無正文蓋以一握爲限一握
則四寸也即是全物若牒云作醢及臡已下者鄭以當時
之法解之案王制云一爲乾豆鄭注云謂腊之以爲祭祀
豆實也脯非豆實亦謂作醢始得在豆與此先膊乾其肉
義合鄭司農云麇臡麋骭髓醢此義後鄭不從云或曰麇
臡醬也有骨爲臡無骨爲醢後鄭從之又菁菹韭菹者以
菁爲韭菁於義不可後鄭不從若爲韭字韭則蔓菁於義
爲是後鄭不應破之明本作韭不作菲也鄭大夫讀茆爲
茅茅菹茅初生者茅草非人可食之物不堪爲菹或曰茆
水草後鄭從之杜子春讀茆爲卯於義亦是玄謂菁蔓菁
者破司農爲韭菁云茆鳬葵也者增成子春等義云凡菹

醓皆以氣味相成其狀未聞者經云韭𦵔醓醢巳下兩兩相配者皆是氣味相成之狀不可知故云其狀未聞 饋

食之豆其實葵菹蠃醢脾析蠯醢蜃蚳醢

豚拍魚醢 釋曰言饋食之豆者亦與饋食之籩同時而薦其實葵菹蠃醢者此八豆之内脾析蜃豚拍三者不言菹皆齏也 注 蠃螔蝓蜃大蛤蚳蛾子鄭司農云脾析牛百葉也蠯蛤也鄭大夫杜子春皆以拍爲膊謂脅也或曰豚拍肩也今河間名豚脅聲如鍛鎛 釋曰言蠃螔蝓蜃大蛤蚳蛾子皆爾雅文鄭司農云脾析牛百葉也者無正文可破故後鄭從之云蠯蛤也者謂小蛤亦於鼈人釋訖鄭大夫杜子春皆以拍爲膊謂脅也者此釋經豚拍謂豚脅也云或曰豚拍肩也者謂豚肩也云今河間名豚脅聲如鍛鎛者此子春等二人雖復爲豚肩解之仍從前豚脅爲義故云聲如鍛鎛 加豆之實芹菹兔醢深蒲醢

醓箈菹鴈醢筍菹魚醢釋曰此加豆之實亦與加籩之實同時設之深蒲醓醢者深蒲謂蒲入水深以爲䪥醓醢與朝事之豆同箈注菹者謂以箈箭萌爲菹也云筍菹者謂竹萌爲菹也芹楚葵也鄭司農云深蒲蒲蒻入水深故曰深蒲或曰深蒲桑耳醓醢肉醬也箈水中魚衣故書鴈或爲鶉杜子春云當爲鴈玄謂深蒲蒲始生水中子箈箭萌筍竹萌釋曰芹楚葵出爾雅鄭司農云深蒲蒲蒻入水深故曰深蒲者史游急就章云蒲蒻藺席蒲蒻只堪爲席不可爲菹故後鄭不從云或曰深蒲桑耳者既名爲蒲何得更爲桑耳故後鄭亦不從云箈水中魚衣者此箈字既竹下爲之非是水物不得爲魚衣故後鄭不從玄謂深蒲蒲始生水中子者此後鄭以時事而知破先鄭也云箈箭萌者一名篠者也筍竹萌者一名蕩者也萌皆謂新生者也見今皆爲菹

羞豆之實酏食糝食釋曰此羞豆之實亦與羞籩之實同時設之言酏食

者謂餈食與糝食爲二豆注鄭司農云酏食以酒酏爲餅糝食菜餗蒸玄謂酏餈也內則曰取稻米舉糔溲之小切狼臅膏以與稻米爲餈又曰糝取牛羊豕之肉三如一小切之與稻米稻米二肉一合以爲餌煎之

釋曰司農云酏食以酒酏爲餅者酏粥也以酒酏爲餅若今起膠餅文無所出故後鄭不從云糝食菜餗蒸者若今煑菜謂之蒸菜也亦文無所出後鄭亦不從玄謂酏餈也者案雜問志云內則餈次糝周禮酏次糝又酏在六飲中不合在豆且內則有餈無酏周禮有酏無餈明酏餈是一也故破酏從餈也又引內則曰取稻米舉糔溲之者案彼上注舉猶皆也糔溲博異語謂取稻米皆糔之云小切狼臅膏者鄭彼注狼臅膏臆中膏也云以與稻米爲餈者彼鄭云若今膏餈云又曰糝取牛羊豕之肉三如一者三肉等分云小切之者謂細切之云與稻米稻米二肉一者謂米二分肉一分合以爲餌煎之也餈糝二者皆有肉內則文故不從先鄭然則上有糗餌彼餌無肉則入籩此餌米肉俱有名

之爲糝即入豆案易鼎卦九四鼎折足覆公餗其形渥凶鄭注云糝謂之餗震爲竹竹萌曰筍筍者餗之爲菜也是八珍之食臣下曠官失君之美道當刑之於屋中案上膳夫注八珍取肝膋不取糝鄭注易糝又入八珍中者以其糝若有菜則入八珍不須肝膋若糝無菜則入羞豆此文所引是也八珍則數肝膋故注不同

凡祭祀共薦羞之豆實賓客喪紀亦如之爲王及后世子共其内羞王舉則共醢六十甕以五齊七醢七菹三臡實之

釋曰凡祭至共其内羞一與籩人同上已釋訖云王舉則共醢六十甕此已下與籩人異以其王舉不共籩實唯有豆實王舉謂王日一舉鼎十有二則醢人共醢六十甕以醢爲王其實有五齏

注 齊當爲齏五齏昌本脾析蜃豚拍深蒲也七醢醓蠃蠯蚳魚兔鴈醢七菹韭菁茆葵芹箈七菹等

筍菹三臡麇鹿麋臡也凡醢醬所和細切爲齏全物若牒
爲菹少儀曰麋鹿爲菹野豕爲軒皆牒而不切麇爲辟雞
兔爲宛脾皆牒而切之切葱若薤實之醢以柔之由此言
之則齏菹之稱菜肉通　釋曰五齏昌本至深蒲此據豆
內不言菹者皆是齏以次數之有此五而已七醢從醢
至鴈醢加豆朝事醢醢有二唯取一則合此七也七菹者
亦從朝事至加豆已上有七三臡者唯朝事之豆有此三
云凡醢醬所和者據此五齏七菹皆須醢醬所和據醢人
所掌五齏七菹是也云細切爲齏全物若牒爲菹者據上
朝事饋食加豆之內有齏菹不同鄭君欲引少儀爲證故
先言此云少儀曰麋鹿爲菹野豕爲軒皆牒而不切者既
言牒而不切則野豕爲軒亦菹類云麇爲辟雞兎爲宛脾
皆牒而切之者此謂報切即皆齏類云切葱若薤實之醢
以柔之者謂殺其氣云由此言之則齏菹之稱菜肉通者
鄭案三豆之內七菹皆菜無肉五齏之內
菜肉相兼若據少儀齏菹之稱菜肉通也　賓客之禮共

醢五十罋凡事共醢注致饔餼時　釋曰賓客謂五等諸侯來朝也天子致饔餼與之醢故鄭云致饔餼時也案掌客上公之禮醯醢百有二十罋侯伯百罋子男八十罋此共醢五十罋并醢人所共醢五十罋共為百罋此據侯伯饔餼之禮舉中言之明兼有上公與子男若然上公百二十罋與王數同者據二王之後王所尊敬者而言其同姓諸侯唯得與二王後同其餘同姓雖車服如上公從侯伯百罋而已又案掌客上公已下並是諸侯自相待法天子待諸侯亦與之同又案聘禮待聘臣亦云醯醢百罋得與諸侯同者彼别為臣禮禮有損之而益故子男之卿百罋其數多於君

醢人掌共五齊七菹凡醢物以共祭祀之齊菹凡醢醬之物賓客亦如之注齊菹醬屬醯人者皆須醯成

味

王舉則共齊菹醢物六十甕共后及世子之醬齊菹賓客之禮共醢五十甕凡事共醢

釋曰云掌共五齊七菹凡醢物者此乃是醢人所掌豆實今在此者鄭云齊菹醬皆須醢成味故與醢人共掌云以共祭祀之齊菹凡醢醬之物者醢人連言醬者并豆醬亦掌言賓客亦如之者下經云賓客之禮據饔餼此云賓客據饗食致之云王舉則共齊菹醢物六十甕者并醢人六十甕即膳夫醬用百有二十甕是也云共后及世子之醬齊菹者案醢人共其内羞不言齊菹此云齏菹以其與醢人共掌齏菹須醢故就醢人爲言云賓客之禮共醢五十甕者與醢人五十甕揔共爲百甕亦據侯伯舉中言之

鹽人掌鹽之政令以共百事之鹽 注政令謂受入教所處置

求者所當得　釋曰政令謂受入教所處置者謂四方鹽來鹽有數種處置不同故云受入教所處置也

祭祀共其苦鹽散鹽 注杜子春讀苦爲盬謂出鹽直用不湅治鄭司農云散鹽湅治者玄謂散鹽鬻水爲鹽　釋曰苦當爲盬盬謂出於鹽池今之顆鹽是也散鹽煑水爲之出於東海　釋曰杜子春讀苦爲盬者鹽鹹非苦故破苦爲盬見今海傍出鹽之處謂之盬云直用不湅治者對下經鬻鹽是湅治者也鄭司農云散鹽湅治者下經自有鬻鹽是湅治故後鄭不從

賓客共其形鹽散鹽 注形鹽鹽之似虎形　釋曰此形鹽即左氏傳鹽虎形是也籩人已釋訖

王之膳羞共飴鹽后及世子亦如之 注飴鹽鹽之恬者今戎鹽有焉　釋曰言飴鹽故云鹽之恬者云今戎鹽有焉者即石鹽是也

凡齊事鬻盬以待戒令 注齊事和五味之事鬻盬

湅治之　釋曰言齊事者謂若食醫春多酸夏
多苦之類是也令湅治監以待戒令則齊和之
冪人掌共巾冪　釋曰巾者則下經王巾皆黼是
也冪者則冪八尊之類是也　注共巾
可以覆物　釋曰據經巾冪俱有鄭唯言共巾可以覆物
不言冪者但冪唯祇覆物其巾則兼以拭物故特解巾可
以覆物
者也　祭祀以疏布巾冪八尊　釋曰祭天無灌唯
有五齊三酒實於
八尊疏布者大功布爲冪覆此八尊故云疏布冪八尊此
據正尊而言若五齊加明水三酒加玄酒則十六尊皆以
疏布冪　注以疏布者天地之神尚質
之也　釋曰鄭知此經
祭祀是天地之神者以其下經畫布冪六彝
是宗廟之祭用六彝即知此疏布冪八尊無灌是天地
可知又見禮器云大路素而越席疏布冪彼皆據祭天則疏
布是祭天地可知舉天地則四望山川
社稷林澤皆用疏布皆是尚質之義也　以畫布巾冪

六彝 釋曰言六彝者雞彝鳥彝斝彝黃彝虎彝蜼彝此六彝皆盛鬱鬯以畫布冪之故云畫布冪六彝此舉六彝對上經八尊無鬱鬯以言宗廟有鬱鬯其實天地亦有秬鬯之彝用疏布宗廟亦有八尊亦用畫布互舉以明義 注宗廟可以文畫者畫其雲氣與 釋曰言宗廟可以文者以其用畫布對上疏布爲質故言宗廟可以文云畫者畫其雲氣與者二禮通例所言畫者解畫皆以爲畫雲氣謂畫爲五色之雲俱無正文故言與以疑之

凡王巾皆黼 釋曰凡王之覆物之巾皆用黼文覆之言凡非一四飲三酒之外籩豆俎簠簋之屬 注四飲三酒皆畫黼周尚武其用文德則黻可皆用之 釋曰言四飲三酒皆畫黼者鄭據酒正之文而言其實酒飲之外巾皆用黼黼者白與黑作斧文取今斧斷割之義云周尚武者周以武得天下故云尚武故用黼也云其用文德則黻可者謂若夏以揖讓得天下是文是天下則當用黑與青謂之黻兩已相背也若然易云湯武革命殷亦以武

得天下則
亦用黼耳

宮人掌王之六寢之脩 釋曰案守祧職其廟則有
司脩除之其祧則守祧黝
堊之鄭注云脩除黝堊互言
之此雖不主脩亦是埽除 注 六寢者路寢一小寢五王
藻曰朝辨色始入君日出
而視朝退適路寢聽政使人視大夫大夫退然後適小寢
釋服是路寢以治事小寢以時燕息焉春秋書魯莊公薨
于路寢僖公薨于小寢是則人君非一寢明矣 釋曰云
六寢者路寢一小寢五者路寢制如明堂以聽政路大也
人君所居皆曰路又引玉藻曰朝辨色始入者謂群臣昧
爽至門外辨色始入應門云君日出而視朝者尊者體盤
故日出始出路門而視朝退適路寢聽政者謂路門外朝
罷乃退適路寢以聽政云使人視大夫大夫退然後適小
寢釋服者朝罷君退適路寢之時大夫各鄉治事之處君
使人視大夫大夫退還舍君然後適小寢釋去朝服服玄

端又引春秋者左氏莊公三十二年公薨于路寢得其正僖公三十三年公薨于小寢譏其即安云是則人君非一寢明矣言此者時有不信周禮故引諸文以證之若然所引者皆諸侯法天子六寢則諸侯當三寢亦路寢一燕寢一側室一内則所云者是也

爲其井匽除其不蠲去其惡臭

釋曰謂於宮中爲漏井以受穢又爲匽豬使四邊流水入焉井匽二者皆所以除其不蠲絜又去其惡臭之物　注井漏井所以受水潦蠲猶絜也詩云吉蠲爲饎鄭司農云匽路廁也玄謂匽豬謂霤下之池受畜水而流之者　釋曰引詩云吉蠲爲饎案秋官蜡氏云大祭祀令州里除不蠲注云蠲讀如吉圭惟饎之圭圭絜也此云蠲彼注云圭不同者彼蓋是三家詩故與此不同司農云匽路廁後鄭不從者以其匽字與規匽豬同故不從後鄭以爲霤下之池受畜水乃後流去之

共王之沐浴

注沐浴所以自絜清　釋曰宮人掌潔清之事沐用潘浴用

湯亦是自絜清之事凡寢中之事埽除執燭共鑪炭凡
勞事注勞事勞褻之事四方之舍事亦如之注從王適四方及會同所
舍　釋曰爲王巡守征伐及會同所舍之處言亦如之者亦如上掌凡勞褻之事
掌舍掌王之會同之舍設梐枑再重釋曰言掌
王之會同之舍者王會同者謂時見曰會殷見曰同皆爲
壇於國外與諸侯相見而命以政禁之事爲王至壇所舍
息也云設梐枑再重者梐枑謂行馬再重者謂外內兩重設之注故書枑爲拒鄭司農云梐㯢梐也拒受居溜水
涑橐者也杜子春讀爲梐枑梐枑謂行馬玄謂行馬再重
者以周衛有外內列　釋曰掌舍掌閑衛不掌絜淨之事
又行止之處未即有蟲可涑先鄭輒依故書拒而爲溜水
涑橐又拒非必是受溜水之物於義未可故後鄭不從從

子春爲行馬也案虎賁氏云舍則守王閑注云閑梐枑此梐枑是周衛之具耳此梐枑所施唯據下文車宮壝宮止宿而言其帷宮無宮暫止之間未必有此梐枑也

設車宮轅門注謂王行止宿阻險之處備非常次車以爲藩則仰車以其轅表門　釋曰鄭云王行止宿阻險之處備非常次車以爲藩則仰車以其轅表門鄭知在險阻之處者下文爲壇壝宮是平地有土可掘則爲壝宮明此無土可以爲壝故知此山間險阻爲此車宮也言仰車以其轅表門者謂仰兩乘車轅相向以表門故名爲轅門

爲壇壝宮棘門注謂王行止宿平地築壇又委壝土起堳埒以爲宮鄭司農云棘門以戟爲門杜子春云棘門或爲材門　釋曰知王行止宿平地者以下文二者非止宿之事唯有此壝宮及上文車宮爲止宿但險阻平地二所不同故知是止宿平地也云委壝土起堳埒者止宿之間不可築作牆宜掘壍爲宮土在坑畔而高則堳埒也鄭司農云棘門

以戟爲門知棘是戟者見左氏隱十一年鄭欲伐許授兵于大宫子都與潁考叔爭車子都拔棘以逐之故知棘即戟也杜子春云棘門或爲材門者閔二年衛文公居楚丘國家新立齊桓公共門材先令豎立門戶故知棘門亦得爲材門即是以材木爲門也

爲帷宫設旌門注謂王行晝止有所展肆若食息張帷爲宫則樹旌以表門　釋曰知王行晝止有所展肆者見下曲禮云君命大夫與士肄鄭云肄習也君有命大夫則與士展習其事則此亦王與羣臣晝止有所展習云若食息者非直有展習亦有食息之時則張帷爲宫樹立旌旗以表門案司常云會同賓客置旌門注引此掌舍爲帷宫設旌門則旌門司常置之掌舍主當之若然則棘門之等皆彼他官置之掌舍直主當取其云旌門則司常所云析羽爲旌者也

無宫則共人門注謂王行有所逢遇若住遊觀陳列周衛則立長大之人以表門　釋曰鄭知此是王行有所逢遇者一則據上三者見

夜宿晝止訖今復云無宮共人門是非常之事二則云無宮及人門是暫駐之事非久停止此知是有所逢遇若有往遊觀陳列周衛非如上三者爲宮則立長大之人以表門也

凡舍事則掌之

注王行所舍止

幕人掌帷幕幄帟綬之事

釋曰云掌王帷在傍施之像土壁也幕則帷上張之像舍屋也幄帷幕之內設之帟者在幄幕內之承塵綬皆條也以此條繫連帷幕幕人掌此五者王出官則送與掌次張之

注王出宮則有是事在旁曰帷在上曰幕幕或在地展陳于上帷幕皆以布爲之四合象宮室曰幄王所居之帳也鄭司農云帟平帳也綬組綬所以繫帷也玄謂帟王在幕若幄中坐上承塵幄帟皆以繒爲之凡四物者以綬連繫焉　釋曰言在旁曰帷在上曰幕則帷在下幕在上共爲室今之設幕則無帷在下爲異也云或在地展陳於上者案聘禮云管人布幕官陳幣史展幣皆於幕上聘禮又賓入境至館皆展幕是幕在地展陳

於上又云帷幕皆以布爲之知者案旣夕禮云明衣裳用幕布其帷在幕下明亦用布故知二者皆用布至於覆棺之幕則用繒故禮記檀弓云布幕衛也綃幕魯也明天子亦用繒覆棺不張設故用繒也云四合象宮室曰幄知四合象宮室不上屬據帷幕爲向者見顧延之幕要云四合象宮曰幄故四合向下據幄爲向也鄭司農云帟平帳後鄭不從者見下王喪張帟三重之等皆據承塵又幄已是帳又言帟明帟非帳也先鄭又云綬組綬所以繫帷者此語未足故後鄭增成其義玄謂帟王在幕若幄中坐上承塵者云在幕謂下掌次云師田則張幕設重帟是王在幕設帟之事若幄中有帟者掌次云朝日祀五帝則張大次小次設重帟次即幄是幄中坐上有承塵也云幄帟皆以繒爲之者以其在帷幕之内宜細密又案喪大記有素錦褚褚即幄彼喪用錦明此用繒可知云凡四物者以綬連繫焉者此增成先鄭也

凡朝覲會同軍旅田役祭祀共其

帷幕幄帟綬 注共之者掌次當以張釋曰此一經皆供與掌次使張之此云朝覲會同即

掌次云諸侯朝覲會同是也此云軍旅田役即掌次云師

田彼師即此軍旅彼田即此田役是也此云祭祀即掌次

云大旅及朝日祀五帝是也此數事皆共帷幕幄 **大喪**

帟綬與掌次是以鄭云共之者掌次當以張也

共帷幕帟綬 注爲賓客飾也帷以帷堂或與幕張之於庭帟在柩上 釋曰云爲賓客飾者

王喪而有賓客者謂若顧命成王喪諸侯來朝而遇國喪

故康王之命云畢公率東方諸侯入應門右召公率西方

諸侯入應門左并有二王之後皆是賓客故爲之飾也云

帷以帷堂者謂若喪大記及士喪禮始死帷堂小斂徹之

及殯在堂亦帷之也云或與幕張之於庭者案尚書顧命

云出綴衣於庭鄭云連綴小斂大斂之衣於庭中爾時在

庭應設此帷幕無正文故云或也有解者云爲王襲經在

庭故有帷幕案喪大記諸侯踊阼階下襲經於序東雖王

禮亦當哭踊在阼階下何因反來庭中襲經乎恐不可也云帟在柩上者即掌次云凡喪王則張帟三重是也

公及卿大夫之喪共其帟

注唯士無帟王有惠則賜之檀弓曰君於士有賜帟　釋曰掌次云諸侯再重孤卿大夫不重則此云三公不云諸侯與孤掌次云諸侯與孤不云三公者三公即是諸侯再重此不云孤孤與卿大夫同不重幕人不張故畧不言鄭云唯士無帟者此經及掌次俱不云士有帟明無也引檀弓者欲見有賜則有帟非常法

掌次掌王次之灋以待張事

釋曰言掌王次之法者次者次則舍也言次謂次止言舍謂舍息言以待張事者王出宮則幕人以帷與幕等送至停所掌次則張之故云以待張事

注法大小丈尺　釋曰言法大小者下文有大次小次是也云丈尺者既言大小當時應有丈尺之數但其未聞

王大旅上帝則張氈案設皇邸釋曰云王大旅上帝者謂冬至祭天於圓丘則張氈案者案謂牀也牀上著氈即謂之氈案設皇邸者邸謂以版爲屏風又以鳳皇羽飾之此謂王坐所置也

注大旅上帝祭天於圓丘國有故而祭亦曰旅此以旅見祀也張氈案以氈爲牀於幄中鄭司農云皇羽覆上邸後版也玄謂後版屏風與染羽象鳳皇羽色以爲之

釋曰大旅上帝祭天於圓丘知者見下經別云祀五帝則知此是昊天上帝即與司服及宗伯昊天上帝一也即是大司樂冬至祭天於圓丘之事也云國有故而祭亦曰旅者案大宗伯國有大故則旅上帝及四望是國有故而祭謂之旅云此以旅見祀者但此下文五帝見正祀其旅見於大宗伯大宗伯昊天不云旅故此見此文不言正祀故鄭以因旅見之欲見有故昊天亦旅之故云以旅見祀云張氈案以氈爲牀於幄中者據鄭云於幄中則知不徒設氈案皇邸而已明知并有大次小次之幄與

下祀五帝互見之也司農云皇羽覆上者見經皇是鳳皇
之字故知以皇羽覆邸上玄謂後版版屏風與者此增成司
農義言後版者謂爲大方版於坐後畫爲斧文言屏風者
據漢法況之無正文故言與以疑之云染羽象鳳皇羽色
以爲之者案尚書禹貢羽畎夏翟謂羽山之谷貢夏翟之
羽後世無夏翟故周禮鍾氏染鳥羽象鳳皇色以爲之覆
於版上明堂位及司几筵皆云黼扆此不
在寢廟無扆故不得云黼扆故別名皇邸

朝日祀五帝則張大次小次設重帟重案合諸侯亦如之

釋曰言朝日者謂春分朝日祀五帝者謂四時迎氣
則張大次小次者次謂幄帳也大幄小幄但幄在幕
中既有幄明有帷幕可知設重帟者謂於幄中設承塵云
重案者案則牀也牀言重謂牀上設重席不言氈及皇邸
亦有可知上氈案不言重席亦有重席可知互見爲義云合
諸侯亦如之者謂諸侯會同亦張大次巳下故云亦如之

注朝日春分拜日於東門之外祀五帝於四郊次謂幄也大幄初往所止居也小幄既接祭退俟之處祭義曰周人祭日以朝及闇雖有強力孰能支之是以退俟與諸臣代有事焉合諸侯於壇王亦以時休息重帟複帟重案牀重席也鄭司農云五帝五色之帝　釋曰知朝日春分者祭義云祭日於東故鄭約用春分也云拜日於東門之外者謂在東郊覲禮文云祀五帝於四郊者案小宗伯兆五帝於四郊是也此謂四時迎氣案月令立春於東郊立夏於南郊季夏六月迎土氣亦於南郊立秋於西郊立冬於北郊謂祭靈威仰之屬云次謂幄也大幄初往所止居也小幄既接祭退俟之處者必兩處設幄者大幄謂王侵晨至祭所祭時未到去壇壝之外遠處設大次王且止居故云大幄初往所止居也接祭者與羣臣交接相代而祭去壇宜近置一小幄退俟之處云祭義曰周人祭日以朝及闇引此已下者欲見王與臣接祭之時須有小幄也言孰能支之者謂一日之間雖有強力誰能支持乎云合諸侯

於壇者案司儀合諸侯爲壇三成是也云重帟複帟者謂兩重爲之云重案牀重席者司几筵莞筵繅席次席三重此言重席亦當有此三重與重帟不同鄭司農云五帝五色之帝者謂東方青帝靈威仰南方赤帝赤熛怒中央黃帝含樞紐西方白帝白招拒北方黑帝汁光紀並依文耀鉤所説

師田則張幕設重帟重案 注不張幄者於是臨誓衆王或迴顧占察 釋曰言師田者謂出師征伐及田獵則張幕者爲王設坐不言帷者亦有可知重帟重案者如上説

諸侯朝覲會同則張大次小次 注大次亦初往所止居小次即宮待事之處 釋曰此謂與諸侯張之若四時常朝在國內今言朝覲會同爲會同而來故在國外與大宰大朝覲會同一也言則張大次小次者亦如上文大小次丈尺則減耳故鄭云大次亦初往所止居小次即宮待事之處鄭云初往止居者謂宮外也即宮者應是宮內言宮即司儀所云宮方

三百步壝土爲之是也言待事者欲於幄中待事辦否及時節**師田則張幕設案**釋曰文承上諸侯謂諸侯從王師田即張幕設案者也不言重則無重席亦應有單席於牀也**注**鄭司農云師田謂諸侯相與師田玄謂此掌次張之諸侯從王而師田者釋曰後鄭不從先鄭者以其天子掌次不合與諸侯國内張幕故云掌次張之以明非諸侯相與師田也此上下所云次者謂以縛爲幄帳案聘禮記所云次或以帷或以席皆得與此掌次所云次別也

孤卿有邦事則張幕設案釋曰與上諸侯所設同**注**有邦事謂以事從王若以王命出也孤王之孤三人副三公論道者不言公公如諸侯禮釋曰言從王祭祀合諸侯張大次小次師田亦張幕設案有邦事謂以事從王者謂若上王大旅上帝朝日祀五帝合諸侯及師田等數事王親行則從王往也云若以王命出者若祭祀則容王有故不視羣臣攝之若諸侯使臣時

聘殷王不親行則於國外使羣臣受之是王命出也云
孤王之孤三人副三公論道者案尚書成王周官云立大
師太傅太保茲惟三公論道經邦燮理陰陽又云立少師
少傅少保曰三孤貳公弘化寅亮天地是副三公論道者
也云不言公公如諸侯禮者謂如上諸侯之禮中唯有會
同師田無言祭祀鄭云祭祀者王於會同與祭祀同云亦
如之則諸侯從王祭祀亦與會同同若
然三公從王祭祀亦與從王會同同也

凡喪王則張帟三重諸侯再重孤卿大夫不重

釋曰喪言凡者以其王以下至孤卿大夫兼有后及三夫人已下故言凡以廣之也后與王同三重世子三夫人與諸侯再重九嬪二十七世婦與孤卿大夫同不重一而已八十一御妻與士同無帟有賜乃得帟也此諸侯謂三公王子母弟若畿外諸侯掌次不張之

注 張帟柩上承塵　釋曰鄭知帟柩上承塵者見上文帟皆在幄中為承塵此言喪王則張帟三重明

是張於柩上也 **凡祭祀張其旅幕張尸次** 釋曰祭祀言凡者天地宗廟外內祭祀皆有羣臣助祭其臣既多不可人人獨設故張旅幕旅衆也謂衆人共幕諸祭皆有尸尸尊故別張尸次 **注** 旅衆也公卿以下即位所祭祀之門外以待事爲之張大幕尸則有幄鄭司農云尸次祭祀之尸所居更衣帳 釋曰鄭云公卿以下即位所祭祀之門外以待事者若宗廟自有廟門之外若外神於郊則亦有壝宮之門門外並有立位言爲之張大幕者以其言旅故知大幕也司農云更衣帳者未祭則常服至祭所乃更去常服服祭服也故言更衣 **射則張耦次掌凡邦之張事** 釋曰天子大射六耦在西郊賓射亦六耦在朝燕射三耦在寢此六耦三耦據諸侯射者若衆耦則多但無常數耳 **注** 耦俱升射者次在洗東大射曰遂命三耦取弓矢于次 釋曰耦俱升射者案大射鄉射耦皆兩兩揖讓升自西階鄉兩楹之

問僾射物南面而射射訖又兩兩揖讓降自西階去次在洗東者大射文又引大射曰遂命三耦取弓矢于次者證次中有弓矢其耦立位在次北西面至射乃命三耦入次取弓矢引之者以天子之次無文雖六耦不同設次則與諸侯同也儀禮鄉射乃是州長射士禮其中兼有鄉大夫詢衆庶之射並無次故堂西北耦也

大府掌九貢九賦九功之貳以受其貨賄之入頒其貨于受藏之府頒其賄于受用之府

釋曰言掌九貢九賦之貳者大宰掌其正此官掌其副貳者以其物入大府故也九功之貳者謂九職之功大宰以九職任之成孰斂其稅則是九功也亦大宰掌其正物入太府故亦掌其副貳也云以受其貨賄之入者九貢謂諸侯九貢自然有金玉曰貨布帛曰賄九賦謂畿内之九賦口率出泉九職如三農園圃之類亦

有不出貨賄者皆言受其貨賄之入者雖以泉穀爲主民欲得出貨賄者則取之以當邦賦之數故大宰云九賦斂財賄是其不要取泉也須其貨于受藏之府者言大府雖自有府其物仍分置於衆府受藏之府者鄭云謂若內府是也須其賄於受用之府者鄭云謂若職內是也注九功謂九職也受藏之府若內府也受用之府若職內也凡貨賄皆藏以給用耳良者以給王之用其餘以給國之用或言受藏或言受用又雜言貨賄皆互文　釋曰九功謂九職也者以其九職任萬民謂任之使有職事故大宰云九職大府斂貨賄據成功言之故云九功其本是一故云九功九職也云受藏之府若內府也者以其經云頒其貨于受藏之府金玉曰貨物之善者藏之於內府近王掌之以給王用故也云受用之府若職內也者府不在內經云頒其賄于受用之府賄賤於貨故知入職內以給國家所用云凡貨賄皆藏以給用耳者鄭欲以藏用互文貨言藏者以其善物賄言用者以其賤物其實皆藏皆用故言

凡貨賄皆藏以給用耳云良者以給王之用者覆解入內府意云其餘以給國之用者覆解入職內意云或言受藏或言受用又雜言貨賄皆互文者言受藏謂內府言受用謂職內皆藏以給用言藏亦用言用亦藏是互文也雜言貨賄者言貨兼有賄言賄亦兼有貨亦是互文但二者善惡不同故別言之耳

凡官府都鄙之吏及執事者受財用焉

釋曰言凡官府者謂王朝三百六十官有事須用官物者云都鄙之吏者謂三等采地吏謂羣臣等有事須取官物者及執事者謂爲官執掌之事須有營造合用官物者皆來於大府處受財用焉

凡頒財以式灋授之關市之賦以待王之膳服邦中之賦以待賓客四郊之賦以待稍秣家削之賦以待匪頒邦

甸之賦以待工事邦縣之賦以待幣帛邦都之賦以待祭祀山澤之賦以待喪紀幣餘之賦以待賜予釋曰言凡頒財者大宰云九賦斂財賄九式用之此大府頒與九式用之但事相因故二處別言九賦之物也此所頒之財即大宰斂財賄一也云以式法授之者謂以舊法式多少授與九式故云以式法授之云關市之賦以待王之膳服者自此已下並與九式事同但文有交錯與九賦不次案九賦先邦中之賦次四郊次邦甸次家稍次邦縣次邦都次關市次山澤次幣餘此先言關市在邦中上此家稍又在邦甸上所以次第不同者見事起無常注待猶給也此九賦之財給九式者膳服即羞服也稍秣即芻秣也謂之稍稍用之物也喪紀即喪荒也賜予即好用也鄭司農云幣餘使者有餘來還也玄謂幣餘占賣國之斥幣釋曰云待猶給也

者謂大宰斂得九賦之財大府以九賦之財給九式之用待爽則給之故云待猶給非是訓待爲給云此九賦之財給九式者以其此經九事與大宰九式相當此九賦又與大宰九賦一也故云九賦之財給九式也云膳服即羞服也者此言膳服大宰九式云羞服膳羞是一故云膳服即羞服也自此已下事與九式是一但文有不同皆就九式合而解之故云稍秣即芻秣也謂之稍稍用之物也者彼九式云芻秣此改芻爲稍以其稍稍用之故也此云喪紀即九式喪荒一也此云賜予即九式好用一也鄭司農云幣餘使者有餘來還也者案大宰司農注幣餘百工之餘與此注不同者蓋是司農互舉以相足後鄭不從者聘使之物禮數有限何得有餘來還又且有餘來還何得有賦故後鄭不從玄謂幣餘占賣國之斥幣者後鄭之意百官所用官物不盡歸入職幣職幣得之不入本府恐久藏朽蠹則有人占賣依國服出息謂之斥幣者謂指斥與人故謂之斥幣也

凡邦國之貢以

待弔用釋曰上文大府掌九貢九賦九功受得三者之
財各各用之上文九式已用九賦之財訖故此
云邦國之九貢以待給於弔用下文注此九貢之財所給
萬民之貢以充府庫即上九功也也給弔用給凶禮
之五事釋曰云給凶禮之五事者案大宗伯云凶禮哀
邦國之事下云有喪禮荒禮弔禮禬禮恤禮五禮皆須以財
貨哀之故云給凡萬民之貢以充府庫注此九職
凶禮之五事之財充猶
足釋曰知此萬民之貢是九職者案大宰云九職任萬
民此上文又云九功此貢即是九職之功所稅故知此是
九職之財也案大行人六服諸侯因朝所貢之物與大宰
九貢歲之常貢雖曰時節不同貢物有異要六服之貢與
九貢多同亦入弔用之數又且九貢言入弔用九賦言入
九式有餘財亦入府庫是以上文掌九貢九賦受其貨賄
須於受藏受凡式貢之餘財以共玩好之用釋曰
用之府也式謂

九式貢謂九貢及萬民之貢注謂先給九式及弔用足府
有餘財以供玩好器物之用庫而有餘財乃可以共玩
好明玩好非治國之用言式言貢互文釋曰經言餘財
明知先給九式及弔用足府庫之餘也經言式貢者式即
上文九賦之財給九式之餘也貢即上文邦國之貢及萬
民之貢也言式言貢互文者式謂九賦貢謂九貢及萬民
之貢但賦言式據用而言其實亦有賦
貢據貢上爲名亦有用故云互文也

凡邦之賦用取具焉注賦用用賦釋曰上有九貢九賦九功
此特言賦明兼有九貢九功亦取具焉

歲終則以貨賄之入出會之釋曰貨賄之入者謂九貢九
賦九功入來至大府言出者
大府以貨賄分置於衆府及給九
式之用亦是至歲終摠會計之

王府掌王之金玉玩好兵器凡良貨賄之藏

釋曰云掌王之金玉玩好兵器者言外府以王爲主王外所有美物亦兼掌之**注**良善也此物皆式貢之餘財所作其不良又有受而藏之者　釋曰言此物皆式貢之餘財所作者案上大府云式貢之餘財以共玩好之用彼玩好之中兼有金玉兵器故知式貢餘財也云其不良又有受而藏之者即上大府云受藏受用之府是也**共王之服玉佩玉珠玉**注佩玉者王之所帶者玉藻曰君子於玉比德焉天子佩白玉而玄組綬詩傳曰佩玉上有葱衡下有雙璜衝牙蠙珠以納其間鄭司農云服玉冠飾十二玉　釋曰佩玉者王之所帶者謂佩於革帶之上者也玉藻曰君子於玉比德焉者詩云言念君子溫其如玉是比德於玉引此者證王必服玉之意云天子佩白玉而玄組綬者此亦玉藻文所佩白玉謂衡璜琚瑀玄組綬者用玄組條穿連衡璜等使相承受引詩傳曰謂是韓詩佩玉上有葱衡者衡橫也謂葱玉爲横梁下有雙璜衝牙者謂以組懸於衡之兩頭兩組之末

皆有半璧曰璜故曰雙璜又以一組縣於衡之中央於末著衝牙使前後觸璜故言衝牙案毛詩傳衡璜之外别有琚瑀其琚瑀所置當於縣衝牙組之中央又以二組穿於琚瑀之內角斜繫於衡之兩頭於組末繫於璜云蠙珠以納其間者蠙蜯也珠出於蜯故言蠙珠納其間者組繩有五皆穿珠於其間故云以納其間鄭司農云服王冠飾十二玉者案弁師掌五冕衮冕十二旒鷩冕九旒毳冕七旒絺冕五旒玄冕三旒旒皆十二玉冕則冠也弁師又有皮弁韋弁冠弁亦皆十二玉故云冠飾十二玉也

王齊則共食玉

釋曰謂王祭祀之前散齊七日致齊三日是時則共王所食玉屑

注 玉是陽精之純者食之以禦水氣鄭司農云王齊當食玉屑

釋曰知玉是陽精之純者但玉聲清清則屬陽又案楚語云王孫圉與趙簡子言曰玉足以庇廕嘉穀使無水旱之災則寶之珠足以禦火則寶之服氏云珠水精足以禁火如是則玉是火精可知云食之以禦水氣者致齊時居於

路寢思其笑語思其志意之類恐起動多故須玉以禦水
氣也鄭司農云王齊當食玉屑者其玉屑研之乃可食故
云當食玉屑也**大喪共含玉復衣裳角枕角柶**釋曰大喪
謂王喪共含玉者含玉璧形而小以爲口實此不言贈玉
飯玉者文不備復衣裳者王始死招魂復魄之衣裳不在
司服者司服所掌是尋常衣服玉府所掌皆王之美物其
衣服美者亦玉府掌之但所復衣裳用死者上服故玉府
供之角枕者所以枕尸角柶者將以楔齒**注**角枕以枕尸鄭司農云復招魂也
衣裳生時服招魂復魄于大廟至
四郊角柶角匕也以楔齒士喪禮曰楔齒用角柶楔齒者
令可飯含玄謂復於四郊以綏　釋曰鄭司農云復招魂
也者人之死者魂氣上歸於天形魄仍在欲招取其魂復
於魄内故離騷有招魂篇云招魂復魄于太廟至四郊者
王有七廟及寢皆復焉獨言大廟語雖不足義猶可又言
至四郊後鄭不從之云角柶角匕也者案旣夕禮楔貌如

軏上兩末狀如杫杷拔屈中央楔齒玄謂復於四郊以綏
者案夏采云以冕服復於大廟以乘車建綏復於四郊故
鄭云復於四郊以綏言此者破先鄭於四郊亦以衣服

掌王之燕衣服衽席牀第凡褻器 釋曰言掌王之燕衣服者謂燕寢中所有衣服之屬衽席者亦燕寢中臥席牀第者謂燕寢中牀簀也凡褻器者亦謂燕寢中以燕字爲目衣服已下至褻器皆是燕

注 燕衣服者巾絮寢衣袍襗之屬皆良貨賄所成第簀也鄭司農云衽席單席也褻器清器虎子之屬

釋曰云燕衣服者巾絮者案內則左佩紛帨紛帨即巾也又婦事舅姑佩有綫纊此絮則纊也云寢衣者論語鄉黨云必有寢衣長一身有半鄭注云今之臥被是也又言袍襗之屬者案毛詩云豈曰無衣與子同袍與子同襗是也言之屬者寢衣之內所言不盡故言之屬以廣之云皆良貨賄所成者見上文云凡良貨賄之藏故知此良貨賄所成鄭司農云衽席單席也者案曲

禮云請衽何趾鄭注云衽卧席又案斯干詩云下莞上簟
内則云斂枕篋簟席襡器而藏之司農云單席則卧之簟
席云褻器清器虎子之屬者既在燕寢之中私褻之器故
知清器虎子之屬案内豎及葬執褻器以從遣車彼褻器
振飾頮沐之器彼褻器與此注不同彼
從葬於死者不用清器故爲頮沐之器**若合諸侯則**
共珠槃玉敦 釋曰合諸侯者謂時見曰會若司儀所云爲壇十有二尋王與諸侯殺牲歃血
而盟則供珠槃玉敦 **注** 敦槃類珠玉以爲飾古者以槃盛血以敦盛食合諸侯者必割牛耳取其血歃之以盟珠
槃以盛牛耳尸盟者執之故書珠爲夷鄭司農云夷槃或爲珠槃玉敦歃血玉器 釋曰言敦槃類者案明堂位有
虞氏之兩敦鄭玄云制之異同未聞此云槃類者以經云玉敦與珠槃相將之物故云槃類其制循自未聞也云珠
玉以爲飾者此槃敦應以木爲之將珠玉爲飾耳云古者以槃盛血以敦盛食者案特牲少牢皆敦盛黍稷以槃盛

血雖無文郊血及血以告殺當以槃盛血也云合諸侯者以割牛耳取其血歃之以盟珠槃以盛牛耳者祭祀之時有黍稷故敦中盛黍稷今盟無黍稷敦中宜盛血牛耳宜在槃云尸盟者執之者案左氏哀公十七年公會齊侯盟于蒙孟武伯問於高柴曰諸侯盟誰執牛耳季羔曰鄫衍之役吳公子姑曹發陽之役衛石魋武伯曰然則彘也注云彘武伯名也魯於齊爲小國故曰彘也是盟小國執牛耳尸猶主也小國主盟故使執牛耳也知此珠槃玉敦爲盟而設者案戎右云盟則以玉敦辟盟遂役之贊牛耳桃茢彼注云役之者傳敦血授當歃者割牛耳取血助爲之及血在敦中以桃茢拂之是以知珠槃玉敦爲盟而設若然執牛耳是小國尸盟者也若以歃血則大國在先故哀公十三年吳晉爭先國語曰吳公先歃晉亞之既言爭先是以知大國當在先若諸侯相與盟則大國戎右贊牛耳也

凡王之獻金玉兵器文織良貨賄之物受

而藏之釋曰言凡王之獻金玉者此金玉已下皆是擬王獻遺諸侯故云受而藏之注謂百工爲王所作可以獻遺諸侯古者致物於人尊之則曰獻通行曰饋春秋曰齊侯來獻戎捷尊魯也文織畫及繡錦釋曰云謂百工爲王所作者謂金玉已下皆是百工爲王所作者可以獻遺諸侯也云古者致物於人尊之則曰獻者若正法上於下曰賜下於上曰獻若尊敬前人雖上於下亦曰獻是以天子於諸侯云獻案月令后妃獻繭鄭注謂獻於后妃知此王之獻金玉非是獻金玉於王者案下内府職凡四方之幣獻之金玉彼是諸侯獻王入内府藏之不得在此故知金玉是獻遺諸侯者也況諸侯中兼有二王之後二王之後王所尊敬自然稱獻也若王肅之義取家語曰吾聞之君取於臣曰取與於臣曰賜臣取於君曰假與於君謂之獻以此難鄭君鄭君弟子馬昭之等難王肅禮記曰尸飲五君洗玉爵獻卿況諸侯之中有二王之後何得不云獻也云通行曰饋者言通行者上於下下於

上及平敵相於皆可云饋康子饋藥陽貨饋孔子豚皆是上於下曰饋膳夫職云王饋用六穀及少牢特牲稱饋食之禮並是於尊者曰饋朋友之饋雖車馬不拜是平敵相饋故鄭云通行曰饋春秋曰齊侯來獻戎捷尊魯也者案莊公三十一年公羊云齊侯來獻戎捷齊大國也曷爲親來獻戎捷威我也左氏云非禮也凡諸侯有四夷之功則獻于王中國則否穀梁云齊侯來獻捷者內齊侯也注云泰曰齊桓內救中國外攘夷狄親倚之情不以齊爲異國故不稱使若同一國也然三傳皆不解獻義今鄭引者以齊大於魯言來獻明尊之則曰獻未必要卑者於尊乃得言獻

凡王之好賜共其貨賄釋曰此謂王於羣臣有恩好因燕飲而賜之貨賄者也

內府掌受九貢九賦九功之貨賄良兵良器以待邦之大用釋曰掌受九貢九賦九功者此九貢以下而言受即是大府所云九貢已下頒

之於受藏之府是也故彼注云受藏之府若內府也則此九貢等由大府而來此內府受藏之也云良兵良器者此是冬官百工所作亦由大府而來良兵謂弓矢殳矛戈戟五兵之良者良器謂車乘及禮樂器之善者云以待邦之大用者謂諸侯來朝覲所頒賜者也注大用朝覲之班賜釋曰常給九式及幣用是大府所給也玩好之用玉府所給也此又言以待邦之大用明是朝覲頒賜可知

凡四方之幣獻之金玉齒革兵器凡良貨賄入焉釋曰云凡四方之幣獻者謂四方諸侯來朝覲及遣卿大夫來聘問將幣三享貢獻珍異有此金玉及齒革之等金者謂若禹貢惟金三品之類玉者謂若禹貢球琳琅玕之類齒謂若象牙之類革謂若犀皮之類兵器者禹貢無貢兵器之法此周時有之凡良貨賄其不良者入於職內給國之用此良者入內府以給王之用注諸侯朝聘所獻國珍釋曰諸侯朝聘所獻國珍者

覲禮所云一馬卓上九馬隨之龜金竹箭分爲三享是也諸侯遣臣聘所獻國珍者謂若聘禮束帛加璧庭實乘皮之等是也此因朝聘而貢先入於掌貨賄入其要於大府乃始適之於內府也

凡適四方使者共其所受之物而奉之 釋曰言凡適四方使者謂使公卿已下聘問諸侯若大行人所云間問省覜之等共其所受之物謂使者受將行之物則內府奉而與之 注王所以遺諸侯者 釋曰即上玉之獻金玉兵器已下是也彼據藏之此據用之

凡王及冢宰之好賜予則共之 注冢宰待四方賓客之小治或有所善亦賜予之 釋曰云冢宰待四方賓客之小治者大宰職文大事決於王小事冢宰專平之以其冢宰貳王治事或有所善亦得賜予之云所善釋經中好也

外府掌邦布之入出以共百物而待邦之用

凡有灋者 釋曰云掌邦布之入出者邦國也布泉也謂國之所有泉皆來入外府是其邦布之入也國之用泉者皆外府出與之是邦布之出也故摠云邦布之入出此言與下為目云以共百物者謂共國家器物之泉也而待邦之用者謂國家非常所用亦出泉與之也凡有法者謂在朝官府依常法用之者亦出泉與之

注 布泉也布讀為宣布之布其藏曰泉其行曰布取名於水泉其流行無不徧入出謂受之復出之共百物者或作之或買之待猶給也有法 百官之公用也泉始蓋一品周景王鑄大泉而有二品後數變易不復識本制至漢唯有五銖久行王莽改貨而異作泉布多至十品今存於民間多者有貨布大泉貨泉貨布長二寸五分廣寸首長八分有奇廣八分其圜好徑二分半足枝長八分其右文曰貨左文曰布重二十五銖直貨泉二十五大泉徑一寸二分重十二銖文曰大泉直十五貨泉貨泉徑一寸重五銖右文曰貨左曰泉直一也 釋曰布泉也者此言布

地官泉府　云泉是布泉一也云布讀爲宜布之布者此讀如秋官布憲彼布是宣布之布此布亦是宣布故讀從之云其藏曰泉其行曰布者此鄭欲解泉布一物兩名之意地官泉府不言外不言布據其所藏爲名此官言外言布取名於其流行而外爲稱故鄭即云取名於水泉其流行無不徧無不徧即布之義也云共百物者或作之或買之者或作之謂出物使百工所營作或買之以充國用也云泉始蓋一品者即此經泉布是也云周景王巳下並漢書食貨志文案彼周景王時患泉輕將更鑄大泉單穆公曰不可王不聽鑄大泉文曰寶貨漢興爲秦泉重難用更令民鑄榆莢錢至孝文有司言榆莢三銖輕易姦詐請鑄五銖至王莽居攝變漢制更造大泉徑寸二分重一十二銖文曰大泉直五十又造契刀形如刀直五百又造錯刀以黄金錯其文曰一刀直五千與五銖錢凡四品並行至莽即真罷五銖錢更作泉布多至十品其布有大布次布弟布壯布中布差布厚布幼布幺布小布是爲貨十品也其

别十品者莽居攝作大泉錯刀契刀即真作小錢幺錢幼
錢中錢壯錢元鳳年更造貨布與貨錢爲十品莽以劉有
金刀罷契刀錯刀若然鄭云後數變易不復識本制者據
秦漢至莽已前而言也云唯有五銖久行者從漢孝文作
五銖錢至莽卅數既多故云久行也云今存於民間多者
有貨布大泉已下者是從莽至漢末鄭君時見行此三者
故云今存於民間也案彼文其貨布直云長二寸五分廣
寸首長八分圜好徑二分無有竒廣八分半足支長八分
等十一字今鄭言之者此並鄭君目所覿見以義增之耳
又案彼大泉直五十不云五十言十五者亦誤當從五十
爲正也且王莽之大泉蓋與景王所鑄大泉亦異也**共王及后世子之衣服之用凡祭祀賓客喪紀會同軍旅共其財用之幣齎賜予之財用**釋曰從王至軍旅所須財用皆外府供其泉也

云幣齎之財用謂王使公卿已下聘問諸侯之行道所用

則曰幣齎云賜予之財用者謂王於羣臣有所恩好賜予

之注齎行道之財用也聘禮曰問幾月之齎鄭司農云齎或

也或爲資今禮家定齎作資玄謂齎資同耳其字以齊

次爲聲從貝變易古字亦多或 釋曰問幾月之齎者案

聘禮記使者既受行出遂見宰問幾月之資注云資行用

也古者君臣謀密草創未知所之遠近問行用當知多少

而已是其問幾月之資鄭司農云齎或爲資今禮家定齎

作資者齎資義一何得言禮家定作資故後鄭

不從齎資兩字直是齊次爲聲從貝變易耳 **凡邦之**

小用皆受焉 注皆來受 釋曰但外府所納泉布所積既少有小用則給之若大用即取餘

府 **歲終則會唯王及后之服不會** 釋曰言王及后不會以衣

服異於膳羞與所加禽獻

故通世子可以會之也

司會掌邦之六典八灋八則之貳以逆邦國都鄙官府之治注逆受而鉤考之○釋曰云掌六典八法八則之貳者案大宰云六典治邦國八法治官府八則治都鄙但司會是鉤考之官逆以六典逆邦國之治八法逆官府之治八則逆都鄙之治逆皆謂鉤考知得失以九貢之灋致邦國之財用以九賦之灋令田野之財用以九功之灋令民職之財用以九式之灋均節邦之財用掌國之官府郊野縣都之百物財用凡在書契版圖者之貳以逆羣吏之治而聽其會計

言以九貢之法致邦國之財用者九貢即是大宰九貢其
所貢之物出於諸侯邦國言之法者謂諸侯於其民什一
取之既取得民物大國貢半次國三之一小國四之一所
貢之物皆市取土毛貢於天子則禹貢所云厥篚厥貢是
也故云致邦國之財用此即小行人云春令入貢是謂歲
之常貢大行人因朝而貢者所貢無常不應使司會致之
云以九賦之法令田野之財用者此九賦即大宰所云九
賦斂財賄是也言法者謂口率出錢多少有其定法令田
野之財用者九賦之内唯有關市幣餘國中非田野自外
四郊邦甸家稍邦縣邦都山澤盡是田野據多言之故言
令田野之財用云以九功之法令民職之財用者九功即
是大宰九職之功所稅言之法者亦是稅法什一爲常言
令民職之財用者以其九職任萬民使之出稅故云令民
職之財用云以九式均節邦之財用者九式所以用九賦
使均平有節故云均節邦之財用云掌國之官府者掌上六
宰九賦一曰邦中二曰四郊此不言邦中而言官府者以

官府在邦中故舉官府以表邦中其實官府不出賦㱏也云郊野縣都之百物財用者以其民之出賦不必皆使出泉以百物當之亦得故大宰云九賦斂財賄則此百物財用一也但九式用九賦大宰均節而用之此司會主鈎考故亦言之矣凡在書契版圖者之貳者此書契版圖下文司書掌其正此司會主鈎考故掌其副貳云以逆羣吏之治者群吏謂朝廷官府下及羣都縣鄙羣臣之治皆逆而鈎考之云而聽其會計者謂羣吏以會計文書造於司會者司會皆聽斷之

注 郊四郊去國百里野甸稍也甸去國二百里稍三百里縣四百里都五百里書謂簿書契其最凡也版戶籍也圖土地形象田地廣狹

釋曰此九式用九賦故以郊野已下依記大宰九賦次第以釋之彼九賦一曰邦中之賦當此官府此郊當彼四郊之賦據遠郊言之故云去國百里郊外曰野大揔之言故此野當彼三曰邦甸去國二百里又當彼四曰家稍故鄭云甸去國二百里稍三百里也此經縣當彼五曰邦縣之賦故云縣四百

里此經都即彼六曰邦都之賦故云都五百里云書謂簿
書者漢時以簿書記事至於餘物記事亦謂之簿書故舉
漢法而言也契其最凡也者此之書契即小宰八成取予
以書契之類最凡謂計要之多少以爲契要云版户籍也
者漢之户籍皆以版書之故以漢法況云圖土地形象田
地廣狹者下司書云土地之圖有其形象即是民之田地
廣狹多少皆在於圖也

以參互攷日成以月要攷月成以
歲會攷歲成 釋曰以參互考日成者司會鉤考之官
以司書之等相參交互考一日之成一
日之中計筭文書也以月要考月成者月計曰要亦與諸
職參互考一月成事文書也以歲會考歲成者歲計曰會
以一歲之會計考 注 參互謂司書之要貳與職内之入職
當歲成事文書 歲之出故書互爲巨杜子春讀爲參
互 釋曰言參互謂司書之要貳者案司書職云凡稅斂
掌事者受法焉及事成則入要貳焉又案職内云掌邦之

賦入又案職歲云掌邦之賦出云參互鉤考明知有此二官出內事共鉤考之以周知四國之治以詔王及冢宰廢置釋曰周徧也四國謂四方諸侯之國徧知諸侯之治者以是鉤考之官須知諸侯得失以此治職文書以詔王及冢宰有功者升進而置之有罪者黜退以廢之所詔告及冢宰者以其冢宰者副貳王之治事故并告之注周猶徧也言四國者本逆邦國之治亦鉤考以告釋曰言四國者本逆邦國之治者案上云掌邦之六典以逆邦國之治逆即鉤考也故云亦鉤考以告也

周禮疏卷第六